울트라 소셜

ultra
sociality

장대익

사피엔스에 새겨진 '초사회성'의 비밀

울트라 소셜

Humanist

차례

프롤로그 외계인 인류학자가 사피엔스를 연구한다면 7

1부 초사회성의 탄생

01 공감 너와 나의 연결고리 15

02 협력 사회적 눈의 진화 27

03 배려 '합리적' 침팬지와 '공정한' 인간 43

04 이해 마음 읽기의 진화 57

05 전수 문명 탄생의 원동력 71

2부 초사회적 본능

06 편애 아기의 편 가르기 91

07 신뢰 두 얼굴의 옥시토신 107

08 평판 이타적 소비의 속사정 121

09 허구 스토리텔링 애니멀 135

10 헌신 신은 당신을 지켜보고 있다 147

3부　초사회성의 그늘

11 소외 사회적 고통의 뿌리　169

12 서열 흙수저의 탄생　179

13 동조 예스맨의 탄생　197

14 테러 그들은 정신 이상자가 아니다　209

4부　초사회성의 미래

15 공존 인간과 기계의 교감　225

에필로그 문명의 사춘기를 지나고 있는 사피엔스에게 242

참고 문헌 248

그림 출처 260

찾아보기 264

프롤로그

외계인 인류학자가 사피엔스를 연구한다면

1

친구와 근사한 맛집에 간다. 맛깔스러운 음식이 나오자 일단 사진부터 찍는다. 식당 이름과 장소, 그리고 함께 간 친구를 태그한다. "무슨 생각을 하고 계신가요?"라는 물음에 몇 마디 적고는 '게시' 버튼을 누른다. 음식을 먹으면서도 화면에서 눈을 떼지 못한다. 누군가가 '좋아요'를 눌러 준다. 기분이 좋아진다. "맛있겠다. 부럽네요."라는 댓글이라도 달리면 기분이 더 좋다. 하지만 웬일인지 '좋아요'의 숫자가 적거나 아예 없다면, 그날의 맛집 투어는 완전 실패다. 설령 음식이 정말 훌륭했어도, 함께 간 사람이 절친이었어도 그날 저녁은 전혀 유쾌하지 않다. 이것은 페이스북을 사용하는 우리의 평범한 일상이다.

자, 이제 관점을 바꿔 보자. 이런 광경을 처음 접한 외계인 인류학자의 눈에는 어떻게 보일까? 우선, 10억 명이 넘는 호모 사피엔스*Homo Sapiens*가 연일 페이스북의 '좋아요'에 흐뭇해하는 모습을 관찰하고는 매우 신기하게 생각할 것이다. 하지만 동료에게 털고르기를 받고 좋아하는 침팬지의 모습을 떠올리며 별반 다를 게 없다고 말하는 외계인도 있을 것이다. 정이 많은 어떤 외계인은 '좋아요'에 집착하는 인간들이 살짝 측은해 보인다고 할지도 모른다. 냉철한 외계인은 다음과 같은 결론을 내릴 수도 있다. "인간은 페이스북을 발명해 사용하지만 실은 페이스북이 인간을 활용하고 있다." 도발적인 결론을 좋아하는 외계인이라면, "페이스북의 '좋아요'에 감정을 너무 많이 소비하기 때문에 호모 사피엔스는 멸망할 것"이라고 경고할지도 모른다.

적지 않은 사람들이 소셜 미디어에 관심을 기울인다. 창업하려는 사람은 돈이 될 만한 새로운 소셜 미디어 창안에, 기업가는 인기 많은 소셜 미디어를 활용한 비즈니스 구상에, 이용자 대부분은 친교와 정보 교류의 장을 만드는 일에 관심이 많다. 하지만 '우리에게 소셜 미디어는 무엇인가?'라는 질문은 좀처럼 던지지 않는다. 좀 더 정확히 말해, '소셜 미디어가 어떤 특성을 가졌기에 이렇게 폭발적인 인기를 끌고 있을까?'를 묻는 이들은 거의 없다. 대체 소셜 미디어는 인간 본성의 어떤 측면을 건드리고 있는 것일까?

2

우리는 20만 년 전 아프리카에서 탄생한 호모 사피엔스의 후예들이다. 호모 사피엔스는 영장류에 속한다. 영장류 동물은 포유류나 파충류에 비해 상대적으로 규모가 큰 집단을 이루어 사회생활을 하며 살아왔다. 한마디로, 영장류는 '유아독존唯我獨尊'이 불가능한 종이다. 그중에서도 호모 사피엔스는 가장 크고 복잡한 사회 네트워크를 지닌 덕분에 사회성이 가장 강력한 종으로 진화했다.

호모 사피엔스의 사회성은 엄마 뱃속에서 세상으로 나올 때부터 발현된다. 영장류 종 가운데 유일하게 직립 생활을 하는 호모 사피엔스의 아기는 미숙하기 짝이 없다. 직립을 하게 되면서 아기가 나오는 산도가 좁아져 뇌가 말랑말랑한 상태일 때 세상에 내보낼 수밖에 없었기 때문이다. 그러다 보니 영아기가 가장 긴 종이 되었다. 혼자서는 아무것도 할 수 없는 인간 아기가 생존을 위해 갖춰야 할 가장 중요한 무기는 엄마, 아빠를 부르는 '옹애'다. 유아독존하려는 아기는 단 하루도 생존할 수 없다. 아기에게 생리적 욕구나 안전의 욕구보다 더 근본적인 것은 도움을 받고자 하는 '사회적 욕구'다.

영아기부터 시작된 사회적 욕구는 자라면서 사회적 지능과 사회적 학습으로 승화된다. 아기는 엄마와 '눈을 맞추면서eye contact' '공동의 주의집중joint attention' 훈련에 돌입한다. 그다음에는 시선이 아니라 손가락으로 가리키기를 통해 사회성을 기른다. 서로의 관심을 일치시키는 법을 배우는 것이다. 그러다가 눈치 보는 법을 배우기 시작한다. 엄마가 무슨 생각을 하는지 읽어 내고는 거짓말도 한다. 사회성이 정상적으로 발달한 아이들만 할 수 있는 일이다. 이런 사회적 지능은 우리가 하는 일, 정치, 경제, 종교는 물론이고 예술 활동의 기저에서도 작동하는 근본적 힘이다.

사회적 학습도 인간의 사회성을 드러내는 또 다른 단면이다. 영아기의 아이들은 엄마·아빠의 행동을 그대로 따라 하며 배운다. 모방은 사회적 학습의 대표적 형태다. 청소년기에 이르면 부모보다 친구가 더 큰 영향을 주기도 한다. 아이들은 선생님뿐만 아니라 친구들에게도 많은 것을 배운다. 이런 수직적·수평적 학습은 어쩌면 (제도로서의) 학교가 없었던 수렵채집기에도 이루어졌을 것이다. 우리는 서로서로 배우는 존재로 진화해 왔다. 평생에 걸쳐 이런 사회적 학습이 지속된다. 인류는 다른 종에 비해 노년기가 길기 때문에 늙어서도 배우고 가르친다. 아니, 자신의 노하우를 가르치고 새로운 것을 배우기에 번식이 끝난 후에도 그렇게 오래 살 수 있는 존재가 되었는지도 모른다.

한 개인의 인생사에서 사회성이 어떻게 발현되는지도 중요하지만 그런 사회성의 집합체가 인류에게 무엇을 가져다주었는지는 더 큰 화두다. 최근 들어 다수의 영장류학자는 인간의 독특성이 탁월한 지성의 사회적 측면에 있다고 주장한다. 타 개체의 마음을 잘 읽고 대규모의 협력을 이끌어 내며 타 개체로부터 끊임없이 배웠던 인간의 독특한 사회적 능력이 우리를 지구에서 가장 빛나는 존재로 만들었다는 주장이다. 즉, 유일하게 호모 사피엔스만이 꽃피운 '문명'은 사회성의 산물이라는 것이다. 이런 인간의 사회성을 나는 '초사회성 ultra-sociality'이라고 부른다. 이 책은 초사회성의 진면목을 보여 주려고 쓰였다.

3

초사회성에는 밝은 면만 있을까? 사실, 초사회성을 발달시켜 온 인간은 고난도의 공감, 지식 전수, 협력, 신뢰, 배려, 마음 읽기, 스토리텔링 능력을 발휘할 수 있다. 이 책의 전반부는 이런 밝은 이야기다. 하지만 사회성은 야누스의 얼굴을 가졌다. 차별, 집단 따돌림, 편견, 동조, 복종, 불평등의 기원과 발현 양상 역시 사회성에 뿌리를 두고 있다. 이런 어두운 면은 인류의 초사회성이 진화하는 과정에서 어쩔 수 없이 딸려 나온 성향이다. 이 어두운 단면을 간과하고는 인간 사회의 작동을 제대로 이해할 수 없다. 물론 어두운 면이 같이 딸려 나온다고 해서 인간의 초사회성을 억눌러야 한다는 것은 아니다. 오히려 '진화된 초사회성evolved ultra-sociality'의 나쁜 측면을 제대로 이해해야 우리가 가야 할 방향을 제대로 설정할 수 있다. 이 책의 후반부에서는 어두운 면을 다룬다.

초사회성은 인류 문명의 과거와 현재는 물론 미래에 대해서도 이야기해 준다. 알파고를 뛰어넘는 고도의 인공지능이 출현할 가까운 미래에 이 진화된 초사회성은 기계와 인간의 관계에 어떤 변화를 가져다줄 것인가? 만일 기계의 사회적 능력이 초사회적 인간과 상호 작용할 만큼 충분히 진화한다면, 인간과 로봇의 공존은 더 이상 선택의 문제가 아닐지도 모른다.

인류는 초사회성을 바탕으로 문명을 건설했고, 문명은 인공지능을 만들었다. 즉, 인공지능을 만든 힘도 초사회적 능력에 있었다. 하지만 우리를 지구의 정복자로 만든 바로 그 힘 때문에 우리는 지금 사회적 인공지능 앞에서 당혹스러워하고 있다. 과연 호모 사피엔스의 미래는 어떻게 될 것인가?《울트라 소셜》은 호모 사피엔스의 성공 스토리이자 묵시록이다.

ultra sociality

1부

초사회성의 탄생

01 공감

너와 나의 연결고리

이탈리아 파르마 대학교의 신경과학 연구팀은 그날도 원숭이의 행동과 뇌의 관계를 연구하고 있었다. 잠시 쉬는 시간. 원숭이의 뇌에는 평소처럼 전극이 꽂혀 있었는데, 이상한 일이 벌어졌다. 원숭이가 뭔가를 쥐고 있을 때 활성화되는 뇌의 'F5 영역'이 갑자기 활성화되기 시작한 것이다. 원숭이는 아무것도 쥐지 않았고, 그저 아이스크림을 손에 쥔 연구원이 문을 열고 들어오는 모습을 보고 있었을 뿐인데 말이다.[1]

이 우연한 사건으로, 신경과학자들은 '거울신경세포mirror neuron'를 발견했다. 이 세포 때문에 우리는 남이 하는 행동을 '보는' 것만으로도, 내가 실제로 그 행동을 '할' 때 내 뇌 속에서 벌어지는 것과 똑같은 일이 일어난다. 거울신경세포는 일종의 시뮬레이션 세포이고, 인간의 거울신경세포는 원숭이 것보다 더 정교하다.[2]

인간의 타고난 공감 능력

2002년 월드컵 당시 거리 응원을 떠올려 보자. "Be the Reds"가 새겨진 붉은 티셔츠를 입은 수만 명이 대형 화면으로 중계되는 대한민국 축구 선수들의 몸짓 하나하나에 탄성을 지른다. 결정적인 찬스를 날린 선수가 머리를 쥐어뜯는 모습이 클로즈업되고, 그와 동시에 거리의 응원단도 머리를 쥐어뜯는다. 우리는 축구를 '보고' 있을 뿐이지만, 거울신경세포 덕분에 (근육은 움직이지 않을지라도) 우리 뇌에서는 실제로 축구를 '하고' 있는 것이다.

남이 하는 어떤 행동을 보기만 해도 내가 직접 그 행동을 할 때 뇌에서 벌어지는 일이 동일하게 내 뇌에서 나타나는 것, 이것이 거울신경세포의 작용이다. 거울신경세포계mirror neuron system는 남의 입장에서 생각을 해 보기 전에 이미 내 뇌에서 저절로 작동하는 공감 회로라 할 수 있다. 카메라를 켰을 때 디폴트로 설정된 자동 모드를 생각하면 된다. 드라마 주인공의 눈물을 보면, 그것이 연기임을 알아도 눈물을 따라 흘리지 않는가? 이런 정서 반응은 별 노력을 들이지 않아도 작동한다. 신기하게도 우리는 누구나 공감 신경세포를 갖고 태어난다.

그렇다면 공감 신경세포에 문제가 생기면 어떤 일이 벌어질까? 먼저, 타인의 행동을 이해하는 데 문제가 생긴다. 예컨대 자폐증을 앓고 있는 사람은 사회적 상호 작용에 실패하고 언어적·비언어적 의사소통에 장애가 있으며 특정 행동을 반복하는 상동증常同症을 보이기도 하는데, 거울신경세포계의 이상도 자폐증의 원인 중 하나라는 게 밝혀졌다.[3] 한편, 타인의 표정을 잘 따라 하지 못하는 사람일수록 타인의 감정을 읽지 못한다는 사실도 밝혀졌는데, 이 사례는 운동 영역인 거울신경세포계가 타인의 감정을 이해하는 데 중요한 역할을 하고

있음을 말해 준다.[4]

거울신경세포계는 타인을 직접 보지 못하는 상황에서도 공감할 수 있는 능력을 준다. 가령, 고통을 당하는 사람의 모습을 관찰하지도 그 소리를 듣지도 못하는 상황에서 단지 상대에게 고통 자극이 주어졌다는 신호를 보는 것만으로도 뇌의 정서 영역에서 거울 반응이 일어난다는 사실이 발견되었다. 심지어 고통을 당하는 사람과 같은 부위의 정서 반응이 실험자에게서 그대로 나타나기도 했다.[5] 이것은 우리 모두가 신경으로 네트워크화되어 있다는 징표다. 직접 보지 않고 듣지 않아도 우리의 신경은 늘 다른 사람들에게 신경을 쓰고 있는 것이다.■

얼마나 다행이며 불행인가! 남이야 어찌 되든 말든 신경 끄고 살고자 해도, 거울신경세포가 늘 켜져 있기 때문에 신경이 쓰일 수밖에 없으니 얼마나 다행인가. 남에게 휘둘리고 싶지 않아 귀를 막아도, 거울신경세포가 켜져 있어서 영향을 받을 수밖에 없으니 얼마나 불행인가.

우리는 자동 공감 장치 외에도 다른 사람의 생각을 '추론'해 공감할 만큼 진화해 왔다. 다른 개체의 고통을 추론하는 행위는 자동으로 작동하지 않는다. 추론은 정서에 비해 인지 부담이 훨씬 더 큰 작용

■ 하지만 거울신경세포계를 통해 인간의 공감 능력, 행위 이해력, 모방 능력을 모두 이해할 수 있다고 생각해서는 안 된다. 실제로 신경과학계에서는 거울신경세포계에 대한 연구 성과들이 과대 포장되어 있다는 지적이 적지 않다. 대표적인 회의적 시각으로는 그레고리 힉콕 (Gregory Hickok)의 책《거울신경세포의 신화: 의사소통과 인지의 진정한 신경과학 *The Myth of mirror neurons: The real neuroscience of communication and cognition*》을 참조하라.

이기 때문이다. 이런 맥락에서 역지사지易地思之는 수동적으로 작동하는 인지적 공감이라고 할 수 있다. 다른 사람의 입장에서 생각해 보는 것, 즉 역지사지의 관점 전환 능력은 영장류 중에서도 우리 인간에게만 장착된 신무기다.[6]

인간의 추론 능력은 자라면서 자연스럽게 발달하지만 교육을 통해서도 길러 나갈 수 있다. 정서적 공감은 기본적으로 모든 포유동물이 가진 특성이지만 인지적 공감은 오직 인간만이 지닌 특성으로서 인간 사회성의 독특한 측면이다. 그래서 우리는 멀리 떨어져 있거나 감정적으로 연결이 희미한 다른 이들에게까지도 사회적 공감의 지평을 넓힐 수 있다. 심지어 호모 사피엔스가 아닌 동식물의 관점까지 취할 수 있다. 이런 하소연을 들어 본 적이 있을 것이다. "강아지가 다쳐서 병원에 갔는데 치료비가 엄청나서 고민을 했어요. 치료비 때문에 그냥 나온다면 강아지가 얼마나 고통스럽겠어요. 얼른 카드를 긁었죠." 애완동물을 남에게 맡기는 것도 안쓰러워 멀리 여행을 못 가는 사람도 적지 않다. 저명한 응용윤리학자 피터 싱어Peter Singer의 말대로 우리는 점점 공감의 "동심원을 넓혀 가고 있는 중"이다.[7]

공감 능력의 진화

대체 왜 이런 공감 능력이 진화되어 왔을까?

인간은 집단생활을 한다. 공동으로 사냥하고 먹이를 나누고 함께 서식지를 지키면서 집단과 개인이 함께 이득을 누린다. 예컨대 먹이 찾기, 방어하기, 양육하기 등을 공동으로 감당하는 것은 덩치 큰 동물의 입장에서는 에너지 소모를 줄이는 효율적인 삶이다. 하지만 집단생활은 단점도 많다. 함께 뭔가를 해야 하기 때문에 다른 사람들이 무슨 생각을 하는지, 어떤 행동의 의도가 무엇인지, 상대방을 화나게 한 것은 아닌지 등을 살펴야 한다. 자기만 잘한다고 되는 게 아니다. 게다가 상대방은 언제나 나를 속일 가능성이 다분하고, 내가 다른 사람을 속이려 해도 상대방의 마음을 꿰뚫고 있어야 한다. 피곤할 수밖에 없다. 원래 일 그 자체보다 인간관계가 훨씬 더 피곤한 법이다. 우리가 집단생활을 통해 진화해 온 영장류인 한, 복잡한 사회에 적응adaptation하는 문제는 영원한 숙제로 남을 것이다.

이런 점에서 거울신경세포계의 작동과 역지사지의 추론 능력은 사회의 복잡성 문제를 해결하게끔 진화된 인간의 인지 적응 기제라 할 수 있다.

사회성의 진화를 연구해 온 여러 학자는 인류 진화의 독특성을 뇌 크기에서 찾는다.[8,9] 침팬지의 뇌 용량은 400cc인 데 비해 인간의 것은 1,300~1,500cc 정도로 3.5배가량 더 크다. 인간의 뇌가 자연환경에서의 생존 문제보다는 집단에서의 사회 문제를 해결하기 위해 커졌다고 보는 '사회적 뇌 이론social brain theory'에 따르면, 영장류 종의 뇌 전체 용량 대비 신피질 용량의 비율이 집단의 크기와 비례한다. 신피질은 대뇌 표면의 세포층인 피질의 일부로, 피질 중에서도 가장 최근에 진화된 영역이다. 인간의 신피질은 다른 동물의 것과 달리 복잡하고 체계적인 사고를 수행한다. 인간 집단의 크기는 150~200 정도인데, 침팬지 집단 크기의 약 세 배다. 인간이 침팬지 식의 '털 고르

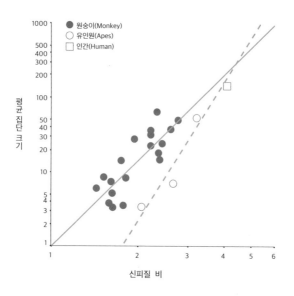

1-1 뇌 전체 대비 신피질의 비율이 큰 영장류는 집단의 크기도 크다. 인간은 영장류 중 신피질의 비율이 가장 크고 집단의 크기도 가장 크다. 인간의 뇌는 규모가 큰 집단에서 유대감을 강화하고 사회 문제를 효과적으로 해결하는 과정에서 진화했다.

기'만으로는 구성원 간의 사회적 유대를 유지할 수는 없다는 이야기다. 개체 수가 너무 많아 깨어 있는 내내 털 고르기만 한다고 해도 관계를 맺기에 시간이 빠듯하기 때문이다. 사회적 뇌 이론을 주장하는 학자들은 인간이 털 고르기 대신에 언어와 마음 읽기 능력을 발달시켜 사회 문제를 해결해 왔다고 말한다. 인간의 큰 뇌는 규모가 큰 집단에서 효과적으로 생활을 영위하고 사회 문제를 해결하기 위한 도구였던 것이다.[10]

　사회적 뇌 이론은 다른 영장류 종과 달리 인간에게만 있는 고유한 사회성이 무엇인지 살펴볼 때 더 설득력 있게 들린다. '가리키기' 행동을 보자. 인간 아이는 손가락으로 사물을 가리키며 "엄마, 저게 뭐야?"라고 묻곤 한다. 자기가 관심을 두는 대상에 다른 사람도 같이 관심을 갖도록 유도하는 사회적 기술이다. 그러나 인간과 가장 가까운 침팬지와 보노보는 이런 행동을 하지 못한다.[11] 가령, 침팬지와 보노보 앞에서 달을 가리키면, 녀석들은 달은 안 보고 달을 가리키는 손가락만 볼 뿐이다. 그런데 흥미롭게도 최근에 애완견이 가리키기의 의미를 이해한다는 연구들이 나오고 있다.[12] 개는 계통상 침팬지보다 인간과 훨씬 더 떨어져 있지만, 야생 늑대부터 시작된 육종 과정에서 인간과 상호 작용하는 데 적합한 정서 및 인지 능력이 진화된 것 같다.[13]

'마음 읽기'는 인간만이 가진 또 다른 사회적 능력이다. 인간은 타인의 생각과 의도를 읽어 내는 복잡한 추론을 일상생활에서 해 나간다. 이것은 사회 문제를 해결하고 집단생활을 영위하는 데 매우 중요하다. 침팬지는 다른 침팬지가 어떤 생각을 하는지 정확하게 추론하지 못한다. 특히 상대가 틀린 믿음false belief을 가지고 있다는 사실을 읽어 내지 못한다.[14]

공감 지수를 높이려면?

인간은 누구나 타인에 대한 공감과 이해 능력을 장착하고 태어난다. 문제는 그 능력의 개인차와 문화 차이다. 어떤 개인은 공감과 이해 능력이 상대적으로 뛰어나고, 어떤 사회는 다른 사회에 비해 공감과 이해를 더 중시한다.

여기서 흥미로운 사실이 있다. 조직의 공감 및 이해 발달은 해당 조직 구성원의 경험치와 밀접한 연관이 있다는 점이다. 거울신경세포계는 타고난 그대로 유지되지 않는다. 뇌의 소유자가 어떤 경험을 하느냐에 따라 변화한다.[15,16] 예컨대 언제나 근심 가득한 엄마의 표정을 보고 자란 아이는 거울신경세포계가 그런 쪽으로 길들여져 남들의 불안한 표정에 민감하게 반응한다. 늘 화를 내며 혼내는 상사 밑에서 일해 온 직장인은 누군가의 부정적 표정만 봐도 뇌는 이미 혼나는 중이다. 어떤 표정에 둘러싸여 살아가느냐, 이게 공감 능력의 방향을 미묘하게 가른다.

역지사지 능력도 마찬가지다. 어떤 조직에서 역지사지가 발휘되느냐에 따라 발달의 폭이 달라진다. 가령, 동성애자를 한 번도 본 적이 없는 사람과 동성애자 커플과 이웃해 살고 있는 사람은 사랑과 결혼을 헤아리는 상상력의 폭이 똑같을 리 없다. 상상은 추론에서 비롯되고, 경험은 그 상상력의 증폭제 또는 감쇄제 역할을 한다. 결국 어떤 존재들이 내 주위를 둘러싸고 있느냐가 타인에 대한 이해력 증진에 중요한 요인이다.

그렇다면 조직 구성원들의 공감 및 이해 지수를 높이려면 무엇을 해야 할까? 다양성 지수를 높이는 게 한 가지 방법이 될 수 있다. 몇 년 전, 하와이로 출장을 갔을 때다. 멋진 해변으로 유명한 관광지다 보니 비키니 패션도 가지각색이었다. 그런데 해변에서 가장 인상적인 광경은 수영복의 개성만큼이나 다양한 사람의 몸매였다. 여성이든 남성이든 늘씬한 사람들만 몸매를 드러내고 해변을 즐기는 게 아니었다. 우리나라 같으면 민망하다고 여겨 해변에서도 꽁꽁 싸맬 몸매들이 거기서는 자유를 만끽하고 있었다. 이런 차이는 왜 생겼을까?

집단주의적이고 상호 의존적인 동아시아 문화를 유산으로 물려받았기 때문만은 아닐 것이다. 대학 입시라는 관문 앞에 개성 넘치는 아이들을 성적순으로 줄 세우는 교육 제도야말로 '생각의 다양성'을 해치는 주적이다. 한창 갖가지 생각을 분출시킬 나이의 청년들을 군대에 보내야 하는 상황은 남북 대치 상황을 차치하고 국가의 생각 다양성 지수를 갉아먹는 주요인이다. 비좁은 땅덩이에 많은 사람을 거주시키려는 목적으로 활용돼 온 아파트 문화는 일상에서 생각의 다양성을 정체시키는 외부 환경 요인이다. 천편일률적으로 만들어진 공간을 매일 똑같이 드나드는 뇌에서 뭔가 참신하고 기발한 생각이 샘솟을 리 없다. 획일성은 창의성 없는 사회를 만든다. 하지만 획일성의 가장 큰 해악은 따로 있다. 근본적인 문제는 다양성이 줄어드는 만큼 인간에게 내재된 공감 및 이해 능력의 감쇄로 이어진다는 데 있다. 비키니 차림의 뚱뚱한 몸매를 볼 수 없는 사회는 그만큼 공감 및 이해 능력이 떨어지는 사회다.

성숙한 조직이라면 공감, 이해, 소통이 화두일 수밖에 없다. 내 주변부터 둘러보자. 내 공감 신경세포를 환하게 빛내 줄 배경인가, 혹시 역지사지 능력을 감퇴시키는 배경은 아닌가? 아니, 나는 상대방의 어떤 배경인가? 우리는 모두 다 서로의 거울신경세포다.

02 협력

사회적 눈의 진화

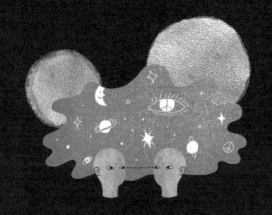

"**심**리적인 면에서 사람이 기계를 이긴다는 게 쉽지 않은 것 같습니다." 2016년 인공지능 알파고와 벌인 바둑 대국에서 1대 4로 패한 이세돌은 재도전 의향을 묻는 기자들에게 이렇게 답했다. 핑계나 엄살은 아닌 것 같다. 그는 대국 상대의 눈빛, 표정, 몸짓을 볼 수 있느냐 없느냐가 승패의 주요 요인일 수도 있다는 사실을 뼈저리게 느꼈을 것이다. 이번 대국은 바둑 세계 챔피언의 흔들리는 눈빛과 당황한 표정, 그리고 힘겨운 몸짓을 읽을 수 있었던 희귀한 경험이었다.

얼굴 표정은 수많은 안면 근육을 움직여 만들어 내는 것이기에 숨기거나 가장하기가 쉽지 않다. 따라서 표정은 언어보다 훨씬 더 깊은 심적 신호를 전달한다. 바둑 같은 멘탈 게임에서 상대의 표정이나 몸짓을 볼 수 없다는 것은 이미 지고 들어가는 것이나 다름없다.

범위를 좁혀 보자. 우리는 타인의 얼굴에서 어느 부위를 가장 먼저 바라볼까? 대개 상대의 눈이다. 인간은 눈을 통해 생존과 번식에 절대적으로 중요한 사회적 정보를 주고받기 때문이다.

인간의 눈엔 뭔가 특별한 것이 있다

지금 종이에 여러분의 눈을 한번 그려 보라. 먼저 눈의 윤곽을 그리고 그 안에 동공과 홍채를 그려 넣어야 한다. 동공은 검은색으로, 홍채는 대개 갈색으로 칠할 것이다. 이것으로 끝인가? 하나가 더 남아 있다. 소위 '눈이 뒤집혔을' 때 보이는 부분, 전문 용어로 '공막'이라고 하는 부분에 흰색을 칠해야 한다. 그렇게 해야 인간의 눈은 완성된다.

공막   동공

                        홍채

2-1 인간 눈의 구조

자, 이제 여러분이 키우는 개나 고양이의 눈을 그려 보라. 좀 전에 그린 여러분의 눈 그림과 별 차이 없는가? 그렇다면 여러분의 관찰력을 살짝 의심해 봐야 한다. 개나 고양이의 눈을 유심히 관찰해 보자. 흰 공막이 없다!

인간의 사촌 종들과 비교해 보면 이 차이는 더욱 두드러진다. 호모 사피엔스와 계통적으로 가장 가까운 침팬지, 보노보, 오랑우탄, 그

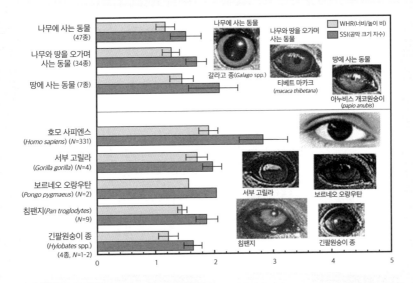

2-2 고바야시 히로미와 고시마 시로의 연구. 인간의 눈은 다른 영장류보다 가로로 길고 흰 공막의 면적이 넓어 시선의 움직임이 잘 노출된다. 침팬지와 인간의 눈을 비교해 보라.

밖의 다양한 원숭이 종의 눈을 뚫어져라 들여다봐도 흰 공막이 잘 안 보인다. 반면 인간의 흰 공막은 얼굴 피부색 및 홍채의 색과 크게 대조를 이루며 눈동자를 더욱 선명하게 만든다.

　인간 눈의 독특성을 연구해 온 일본의 고바야시 히로미와 고시마 시로에 따르면, 영장류 92종 가운데 85종의 공막이 갈색이나 진한 갈색을 띤다. 또한 81종 가운데 80종의 눈 색깔이 얼굴 피부색과 유사해서 눈의 선명도가 떨어진다. 투명한 결막과 흰 공막을 가진 종은 유일하게 인간뿐이다. 공막의 양도 큰 차이가 있다. 인간의 공막은 오랑우탄보다 무려 세 배가량 많다.[1] 게다가 인간은 영장류 중에서 몸집에 비해 비교적 큰 눈을 가진 종이다. 요약하자면, 인간은 눈의 윤곽과 눈동자의 위치가 명확하게 드러나는 종이다. 이것은 인간 고유의 특성이다.[2] 대체 이 흰 공막의 정체는 무엇일까? 진화의 관점에서 본 공막의 기능은 무엇인가? 왜 인간에게만 이런 공막이 두드러져 보일까?

흰 공막의 출현

인간의 공막은 사회성과 깊은 관련이 있다. 흰 공막 때문에 우리는 타인의 시선을 쉽게 읽을 수 있다. 상대방이 무엇을 보고 있는지 알게 되면 그 사람의 생각과 느낌, 의도를 이해하는 데 큰 도움이 된다. 아기 앞에서 특정 장난감에 눈길을 계속 주면 그 아기는 곧 다른 관심을 포기하고 그것에만 주의를 기울이곤 한다. 선글라스를 끼고 게임을 하겠다는 프로 포커 선수들이 간혹 있는데, 상대방에게 자신의 시선을 읽히고 싶지 않아서 그러는 것이다. 눈동자의 위치를 읽어서 상대방의 의도를 파악할 수 있다면 나에게 큰 이득이 된다. 이것은 동시에 자신의 시선도 읽힐 수 있다는 뜻이다.

흰 공막이 호모 사피엔스의 상호 협력을 촉진했다는 설명을 '협력적 눈 가설cooperative eye hypothesis'이라 부른다. 인간의 공막은 과연 어떤 환경에서 진화하고 확산되었을까? 여기에는 적어도 두 가지 가능성이 있다.

하나는 이미 협력을 하며 살아가는 훈훈한 사회 환경에서 흰 공막이 출현했을 가능성이다. 이 경우 공막은 협력을 촉진하는 촉매로 작용해 호모 사피엔스 전체로 확산되었을 것이다. 다른 하나는 서로 협력을 하지 않으면 생존 자체가 어려운 환경에서 흰 공막이 생존에 유리한 형질로 작용해 진화했을 가능성이다. 이런 상황이라면 흰 공막은 협력을 촉매한 요인이라기보다 촉발한 요인이었다고 할 수 있다.[3]

그렇다면 호모 사피엔스의 흰 공막은 협력의 진화에 어떤 영향을 끼쳤을까? 협력의 진화 문제는 지난 반세기 동안 진화학계를 지배해 온 가장 중요한 화두였기에, 그 방대한 양의 논의를 여기서 자세히 다룰 수는 없다. 그렇지만 그동안 제시된 설명을 두 가지 측면에서 구분해 볼 수는 있을 것이다.

첫 번째 측면은 협력 행위가 '왜' 진화하게 되었는지 설명하려는 시도들이다. 이것은 이른바 '궁극적 설명'인데, 생물의 진화를 역사적 관점으로 추론하는 방식이다. 이기적 유전자 이론으로 더 잘 알려진 '포괄 적합도inclusive fitness 이론'과 새로운 유형의 집단 선택론이라

할 수 있는 '다수준 선택multilevel selection 이론'이 그에 해당한다. 여기서 어떤 행동의 포괄 적합도란 그 행동을 하는 개체의 번식적 성공('직접 적합도')에 그 행동으로 인해 혈연들(그 개체와 유전자를 공유한)이 얻은 번식적 성공('간접 적합도')을 더한 값을 의미한다. 포괄 적합도 이론이란 어떤 형질이 진화하기 위해서는 그 형질의 직접 적합도와 간접 적합도를 더한 값이 0보다 커야 한다는 이론이다. 따라서 이런 입장에서는 이타적 행위는 적합도에 손해를 끼치는 행동이 아니라 오히려 포괄 적합도를 높였기에 진화한 행위다. 반면 다수준 선택 이론은 유전자 수준뿐만 아니라 개체와 집단 수준에서 작용하는 선택압들을 전부 고려해야만 어떤 행동이 진화할 수 있는지를 정확히 알 수 있다는 견해다.■

한편, 협력의 진화를 보는 또 다른 시선은 인간의 협력이 실제로 어떠한 심적·행동적 메커니즘을 통해 진화했는지에 초점이 맞춰 있다. 이것을 '근인적近因的 설명'이라 부른다. 협력의 진화에 관한 심적·행동적 설명 중 하나는 인간이 어떤 대상에 '공동의 주의집중'을 할 수 있게 됨으로써 협력의 길로 들어서게 되었다는 것이다. 공동의 주의집중은 어떤 대상이나 과제에 자신의 관심(초점)과 상대방의 관심을 일치시키는 사회적 행위다. 가령, 수업을 하던 선생님이 교실 뒤편에 앉아서 졸고 있는 학생을 10초간 아무 말 없이 바라보고 있다고 해보자. 나머지 학생들의 시선도 금방 그 학생을 향할 것이다. 이것이 공

■ 밈의 진화학계의 주류는 포괄 적합도 이론을 받아들이지만 다수준 선택 이론을 옹호하려는 이들도 무시할 수 없다.

동의 주의집중이다. 공동의 목표를 이루기 위한 협력이 어떻게든 진화하려면 우선 공동의 주의집중이 가능해야 한다.

아이가 언어를 습득하는 과정은 공동의 주의집중을 보여 주는 전형적 사례다. 말을 배우기 전에 아이는 관심이 있는 대상을 응시한다. 보호자는 아이의 시선을 따라가 그 대상을 확인한 후 다시 아이를 보면서 그에 해당하는 단어나 문장을 말해 준다. 물론 보호자의 시선을 아이가 따라가는 경우도 발생한다. 이런 식으로 공동의 주의집중이 규칙적으로 반복되는 과정에서 아이는 언어를 습득한다. 보호자와 아이 사이에 상호 조율이 없다면 말조차 배울 수가 없다.

2-3 워싱턴 대학교 심리학자 르셸 브룩스(Rechele Brooks) 교수가 12개월 된 아이와 함께 시선 따라가기 실험을 수행하는 모습.

타인의 시선 포착하기

공동의 주의집중 능력은 영장류와 인간 사이에 어떤 공통점과 차이

점을 보일까? 우선, 침팬지를 비롯해 보노보, 오랑우탄, 고릴라 같은 대형 유인원도 공동의 주의집중, 즉 서로 '눈을 맞추고' 상대방의 '시선을 따라가는' 행동을 한다. 시선 따라가기 행동은 다양한 원숭이 종에서도 볼 수 있다. 포유류인 개와 염소, 조류인 까마귀, 심지어 파충류인 거북의 일부 종도 그런 행동을 한다고 알려져 있다.[4] 이처럼 시선 따라가기 같은 사회적 행동이 다른 종에서도 진화해 왔다면, 공동의 주의집중 능력 중 일부(시선 따라가기)가 호모 사피엔스만의 고유한 특성이라고 할 수 없을 것이다. 집단생활을 하는 종이 인간만 있는 게 아니므로 이 결론이 그리 놀라운 것은 아니다.

최근에 일본과 독일 영장류학자가 시선 따라가기 행동에서 보노보(8개체), 침팬지(14개체), 오랑우탄(7개체), 그리고 인간(생후 12개월 된 아기와 성인 각 22명)이 어떤 차이를 보이는지 연구했다. 이 실험에서는 모델의 고개가 특정 방향으로 움직이는 영상을 자극으로 제시했다. 영상에 등장하는 모델은 보노보, 침팬지, 오랑우탄, 인간 어른이었다.

첫 번째 실험에서는 유인원들에게 동종 모델과 인간 모델을 영상 자극으로 제공하고 반응을 관찰했다. 그 결과, 동종 모델일 경우 모든 종이 시선 따라가기 행동을 보였다. 인간 모델일 경우에 보노보는 시선 따라가기를 잘했지만 침팬지는 그렇지 않았다. 두 번째 실험은 보노보, 침팬지, 오랑우탄, 인간 어른이 모델로 등장하는 영상 자극을 주고 인간 아기와 성인의 반응을 관찰하는 것이었다. 아기와 성인은 모두 인간이 모델일 때 시선 따라가기를 잘했다. 그러나 유인원 모델일 때는 성인이 시선을 따라간 반면, 아기는 시선을 따라가지 않았다. 마지막 실험에서는 피험자 유인원들에게 다른 종의 영상 자극을 보여

A. 피험자 유인원

보노보 (*N = 8*)　　침팬지 (*N = 14*)　　오랑우탄 (*N = 7*)　　인간 아기 (*N = 22*)
　　　　　　　　　　　　　　　　　　　　　　　　　　　　　　성인 (*N = 22*)

B. 모델 종 영상

보노보 모델　　　침팬지 모델　　　오랑우탄 모델　　　인간 모델

2-4 조셉 콜(Josep Call)과 카노 후미히로(狩野文浩)의 영장류 시선 따라가기 실험 장면. 동종 모델과 다른 종 모델이 고개를 특정 방향으로 움직이는 영상을 각 유인원에게 자극으로 제시하고 반응을 관찰했다.

주었는데, 유독 침팬지만 시선 따라가기 행동을 보이지 않았다.

　실험 결과를 요약하면 다음과 같다. 첫째, 모든 종이 동종 모델의 시선을 따라갔고, 둘째, 침팬지와 인간 아기만 다른 종 모델의 시선을 따라가지 않았으며, 셋째, 보노보가 침팬지보다 시선 따라가기를 더 잘했다.[5]

　둘째 결론은 좀 더 해석이 필요하다. 침팬지와 인간 아기는 어째서 동종에만 민감할까? 침팬지와 인간 아기가 다른 종보다 대세에 따르거나 대장의 행동을 더 잘 따라 한다는 사실은 이미 알려져 있다. 앞서 언급한 바와 같이 인간은 직립 보행 이후 산도가 좁아져 갓난아기가 미숙한 상태로 나오기 때문에 인간 아기는 영장류 종 가운데 가장 긴 영유아기를 필요로 한다. 이런 상황에서 보호자에 대한 아기의 선호가 매우 까다롭게 진화했을 가능성이 크다. 즉, 아무한테나 자신을

맡겨서는 안 되고, 신중하게 선택하되, 전적으로 의존하는 전략을 취하는 게 유리했을 것이다. 인간 아기가 다른 종의 표정보다 인간의 표정을 더 오래 응시하고 인간의 시선만 따라가는 까닭은 바로 그런 독특한 생애 주기와 관련이 깊을 것이다(하지만 이 가설은 침팬지의 사례는 잘 설명하지 못한다.).

사회적 눈의 진화

인간에게 고유한 공동의 주의집중 능력은 대체 무엇일까? 이 질문에 대한 대답이 점점 더 미궁에 빠지는 느낌이다. 인간의 흰 공막이 이 대목에서 다시 등장한다. 영장류학자 마이클 토마셀로Michael Tomasello 등은 실험을 통해 협력적 눈 가설을 입증하려 했다. 연구자들은 침팬지(11개체), 고릴라(4개체), 보노보(4개체) 같은 대형 유인원과 인간 아기(40명)를 대상으로 인간 실험자의 눈동자와 고개의 움직임에 어떤 반응을 보이는지 관찰했다. 피험자의 시선은 고개를 따라갈까, 아니면 눈동자를 따라갈까, 아니면 고개와 눈동자의 방향이 일치할 때만 따라갈까? 연구자들은 다음과 같이 예상했다. '인간은 눈에 잘 띄는 흰 공막을 갖고 있으므로 인간 아기는 고개보다 눈동자의 움직임에 민감하게 반응하며 시선 따라가기를 더 빈번하게 하고, 다른 유인원들은 그 반대의 반응을 보일 것이다.' 연구자들은 이 가설을 검증하기 위해 네 가지 조건을 고안했다. 첫째, 인간 실험자가 눈을 감은 채 고개를 들어 천장을 보는 조건, 둘째, 고개는 가만히 있으면서 눈동자만 위로 올려 천장을 보는 조건, 셋째, 고개를 들고 눈도 천장을 보는 조건, 마지막으로 고개와 눈동자를 움직이지 않고 앞을 응시하는 조건.

결과는 다음과 같았다. 피험자가 대형 유인원일 경우, 고개 방향이 가장 중요한 요인이었다. 그들의 시선은 실험자의 고개 방향을 따라 움직였다. 실험자가 눈을 감고 있는 상황에서도 마찬가지였다. 또한 실험자가 눈을 뜬 채 고개를 든 세 번째 조건에서 피험자들의 시선 따라가기가 제일 빨랐다. 반면, 대형 유인원의 시선 따라가기는 고개 방향에 가장 크게 영향을 받았다.

인간 아기는 반대의 결과가 나왔다. 물론 인간 아기도 대형 유인원과 마찬가지로 실험자의 고개 방향과 눈동자의 위치에 모두 영향을 받았다. 하지만 인간 아기에게 가장 중요한 것은 눈동자의 위치였다. 통계적으로 눈동자의 위치는 고개 방향보다 다섯 배 정도 시선 따라가기 효과가 컸다. 즉, 인간 아기는 눈동자의 움직임에 시선이 더 많이 따라간 것이다. 이런 결과는 협력적 눈 가설에 힘을 실어 주는 증거다.[6]

인간이 눈을 통해서 의미 있는 협력 시그널을 주고받는다는 가설은 기존의 자폐 연구로도 뒷받침된다. 자폐증이 있는 사람은 타인의 눈으로부터 사회적 정보를 읽어 내는 데 큰 어려움을 겪는다. 정상인에 비해 타인의 눈에 덜 집중하고, 타인이 언제 자신과 눈을 맞추고 있는지 잘 감지하지 못하며,[7] 눈 주위의 정보를 가지고 어떻게 의도를 추론해야 하는지도 잘 모른다.

협력하는 눈

협력의 탄생은 인간의 진화 역사에서 중요한 단계들 중 하나다. 침팬지를 비롯해 다른 동물도 협력을 하지만 몇 가지 면에서 인간과 사뭇 다르다. 우선, 규모가 다르다. 호모 사피엔스는 다른 동물과 달리 친족이나 소규모 동맹 집단을 넘어서서 거대 규모로 협력이 이루어진다. 인류는 신화, 종교, 이념, 제도를 발명해 상상의 세계에 질서를 부여함으로써 협력의 규모를 획기적으로 확장해 왔다.

둘째, 협력의 이유에도 차이가 있다. 동물은 자기 자신의 포괄 적합도를 높이려고 협력한다. 흔히 인간을 제외한 동물의 세계에는 경쟁만 있을 뿐 협력 따위는 없다고 생각하는데, 이것은 큰 오해다. 자연에서 협력은 경쟁만큼이나 흔하다. 중요한 것은 '무엇을 위한 협력'인가다. 동물이 하는 행동은 해당 개체의 포괄 적합도를 높인다. 물론 인간도 기본적으로는 이 규칙을 따른다. 이것이 바로 리처드 도킨스 Richard Dawkins가《이기적 유전자 The Selfish Gene》에서 이야기한 '유전자의 생존 기계survival machine' 개념이다. 우리도 다른 동물과 마찬가지로 유전자의 생존 및 번식 기계다.

하지만 이 개념은 인간 세계의 진실을 절반만 설명할 뿐이다.《이기적 유전자》에서 도킨스가 지적했듯이, 우리는 새로운 복제자인 '밈 meme의 기계'이기도 하다. 그는 밈을 문화의 전달자이자 모방의 단위로 정의했다. 밈은 유전자와 마찬가지로 복제자이며, 우리의 마음과 행동은 유전자뿐만 아니라 밈에 의해서도 지배받는다. 인간은 밈의 운반자로 진화했다. 밈의 지배는 인간의 협력을 독특하게 만드는 결정적 요인이다. 자유, 평화, 평등, 공존, 민주주의 같은 가치들은 밈의 대표적 사례인데, 이런 밈에 사로잡힌 인간은 협력을 통해 그런 가치들을 더 많이 퍼뜨리는 운반자의 역할을 수행한다. 인간의 협력이 엄청난 규모로 진화할 수 있었던 것도 바로 이 밈의 탄생과 지배 덕분이다. 인간이 다른 동물과 달리 자신의 포괄 적합도를 손해 보면서까지 지속적인 협력을 위해 배려 같은 행위를 발달시킨 것도 바로 이 때문이다.▪

눈의 일차적 기능은 지각이다. 다시 말해, 눈은 시각 입력 정보를 뇌에 전달해 대상을 알아차리게 해 주는 인지 장치다. 하지만 타 개체의 관심과 의도를 모니터하는 사회적 장치이기도 하다. 흰 공막은 진화적 독특성을 지니는 인간 고유의 형질로서, 생리학으로만 설명되어서는 안 된다.

만일 인류의 진화 과정에서 이런 '사회적 눈'이 진화하지 않았다면 우리 사회는 어떻게 달라졌을까? 모두가 짙은 선글라스를 끼고 살아가는 사회를 상상하면 된다. 영화 '매트릭스Matrix' 시리즈에서 선글라스를 낀 채 네오와 결투하는 수많은 스미스를 떠올려 보라. 얼마나 답답하고 삭막하며 차가운 곳일까? 지금처럼 사회적 눈이 진화하지 않았다면 인간 사회는 분명히 훨씬 더 냉랭한 공간이었을 것이다. 어쩌면 사회 자체가 생겨나지 않았을지도 모른다. 다른 사람들과 협력

▪ 밈의 관점에서 인간의 본성을 설명하려는 시도는 도킨스의 《이기적 유전자》, 수전 블랙모어(Susan J. Blackmore)의 《밈The Meme Machine》, 대니얼 데닛(Daniel Dennett)의 최신작 《박테리아에서 바흐까지, 그리고 되돌아가기From Bacteria to Bach and Back》, 장대익의 《다윈의 정원》을 참조하라.

하며 살아가고 싶은가? 답은 간단하다. 그 사람이 보는 곳을 보라. 상대의 마음을 알고 싶은가? 그 사람의 동공을 보라. 마음이 흔들렸다면 동공에도 지진이 일어났으리라. '동공지진'이라는 말은 단지 은유적 표현이 아니다.

자, 이제 응용편이다. 이번 장을 천천히 다시 읽고 영화 '혹성 탈출' 시리즈를 본 후에 옥에 티를 찾아보시라. 2011년에 개봉한 〈혹성 탈출: 진화의 시작Rise of the Planet of the Apes〉 포스터만 봐도 금방 찾을 수 있다. 뭔가 이상한 것이 보이지 않는가? 침팬지 주인공 시저의 눈에 흰 공막이 있다. 영화에 등장하는 모든 침팬지가 다 그렇다. 이것을 보고 처음에 나는 감독을 비난했다. '침팬지가 나오는 영화를 만들면서 침팬지 눈이 실제로 어떻게 생겼는지도 모른단 말인가?' 하지만 한 번 더 생각을 해 보니 감독의 고육지책이라고 할 수밖에 없었다. 만일 시저의 눈을 침팬지의 실제 눈처럼 만들었다고 해 보자. 영화는 보나 마나 흥행에 참패했을 것이다. 명색이 주인공인 시저의 시선을 알아차리기 힘들어 주인공의 심리 상태가 어떤지 도무지 이해할 수 없었을 것이고, 관객들은 차라리 〈동물의 왕국〉을 보는 게 낫다고 생각했을지도 모른다. 흰 공막은 선명한 시선을 만들어 의도와 행동을 명확하게 전달하는 사회적 장치인 셈이다.

03 배려

'합리적' 침팬지와 '공정한' 인간

카페에서 알바생 두 명이 각각 6,470원의 시급을 받고 일한다. 어느 날 사장이 한 알바생을 편애해 시급을 1만 원으로 올려줬고, 이 사실을 다른 알바생이 알게 되었다. 어떤 일이 벌어질지 불 보듯 뻔하다. 부당한 처우에 화가 치솟은 알바생은 사장에게 거세게 항의하거나 일을 그만둘 것이다. 배고픈 건 참아도 배 아픈 건 못 참는 거 아닌가.

만일 알바생이 원숭이라면 어떤 일이 벌어졌을까? 원숭이 알바생은 주인이 주는 대로 받아 챙겼을까, 아니면 항의하거나 그만두고 말았을까? 몇몇 영장류학자가 부당한 대우를 받은 원숭이가 어떤 반응을 보이는지 관찰했다.

배고픈 건 참아도 배 아픈 건 못 참아!

꼬리감는원숭이capuchin monkey 두 마리를 인접한 두 방에 각각 넣었다. 두 방 사이는 철조망 벽으로 분리되어서 원숭이들은 서로를 볼 수 있고, 앞면은 구멍 뚫린 아크릴판으로 되어 있다. 원숭이들에게 주

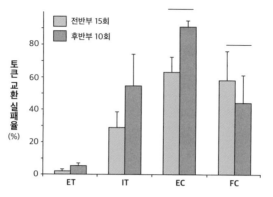

ET: 균등 보상 테스트, IT: 차등 보상 테스트, EC: 노력 통제 조건, FC: 음식 통제 조건

3-1 꼬리감는원숭이 차별 보상 실험. 실험자는 꼬리감는원숭이가 토큰을 되돌려 줄 경우 보상으로 먹을 것을 주었다. 오이로 동등하게 보상했을 때는 과제 성공률이 높았으나, 두 원숭이에게 각각 오이와 포도(단맛)로 차별 보상을 한 경우와 과제를 수행한 원숭이보다 과제를 수행하지 않은 원숭이에게 더 나은 보상(포도)을 한 경우에는 토큰 교환 실패율이 크게 증가했다. 후반부 10회는 전반부 15회보다 실패율이 더 높았다.

어진 과제는 실험자(인간)가 방 앞면에 뚫린 구멍으로 넣은 토큰을 받은 후에 그 토큰을 다시 실험자의 손에 건네주는 것이다. 실험자는 이 과제를 잘 수행할 때마다 보상으로 먹을 것을 제공했다. 원숭이가 실험자에게 토큰을 제대로 돌려주지 못하는 경우 또는 보상을 받지 않거나 먹지 않은 경우는 모두 실패로 간주했다. 총 25회의 실험 중에서 전반부 15회의 교환 실패율과 후반부 10회의 교환 실패율을 측정해 보았다.[1] 실험은 크게 네 가지 조건에서 진행되었으며 결과는 다음과 같았다.

첫째, 과제를 잘 수행한 두 마리 원숭이에게 보상으로 똑같이 오이를 준 경우equality test, ET, 둘 다 불평 없이 오이를 잘 받아먹었다.

3-2 불공정한 상황이 이어지자 보상에 항의하는 듯 꼬리감는원숭이는 오이를 우리 밖으로 집어던졌다.

두 번째 조건부터는 불공정 상황이 시작된다. 과제 수행의 보상으로 원숭이 A에게는 포도를 주고 원숭이 B에게는 오이를 준 경우inequality test, IT, 교환 실패율이 ET에 비해 크게 증가했으며 후반부 10회 동안에 훨씬 커졌다. 똑같이 일했는데 A에게는 포도를 주고 B에게는 오이를 주니, B가 화난 것이다. 오이보다 포도가 훨씬 달기 때문에 원숭이는 대개 포도를 더 좋아한다. 실제로 B는 건네받은 오이를 방 밖으로 집어던졌고 두 손으로 방 앞면을 잡고 거칠게 흔들어 댔다. 마치 '에이, 너나 먹어라!' 하며 항의하는 듯한 행동이었다. 후반부 10회 동안에 이런 거부 행동이 더 잦았던 까닭은 시간이 지날수록 불공정한 상황을 B가 더 확실히 인지했기 때문일 것이다.

셋째, A는 아무 과제를 수행하지 않았는데도 포도를 받고, B는 과제를 수행하고도 오이를 받은 경우effort control, EC, B의 과제 수행 실패 및 보상 거부 비율은 이전 IT 조건보다 훨씬 더 증가했다. 후반부

10회 동안에 교환 실패율은 90퍼센트에 육박했다. 무위도식하는 금수저 옆에서 일하는 것 자체가 짜증스러운 상황이 되고 말았다.

넷째, A가 방에 없고 그 자리에 포도만 넣어 둔 상황에서, B에게 과제 수행의 보상으로 오이를 준 조건food control, FC이다. 교환 실패율이 전반부 15회에 비해 후반부 10회 동안에 더 낮아졌다. 이것은 A가 더 높은 보상을 받지 않는다는 것을 시간이 지남에 따라 B가 알게 되면서 낮은 보상을 차츰 받아들였기 때문일 것이다.

한낱 원숭이에게도 공정성을 가늠하는 원초적 센스가 존재한다고 할 수 있을까? 이 실험 결과처럼, 꼬리감는원숭이는 자기가 들인 노력과 그에 따르는 보상을 다른 원숭이가 받는 보상과 비교할 수 있다. '부당한' 대우를 받는다고 판단할 때 매우 격렬한 거부 반응까지 보였다. 즉, 원숭이에게도 공정한 보상에 대한 기대와 차별에 대한 반감이 인지 및 정서 양 측면에서 진화했다고 말할 수 있다. 혹시 B가 그저 포도를 먹지 못해서 난리를 친 거라고 반론을 펼 수도 있다. 하지만 포도가 A에게 제공되는 사실을 봤을 때만 B가 거부 행동을 나타내기에 이 반론은 성립하지 않는다.

그렇다면 불공정을 대하는 '사회적 감정'은 진화의 측면에서 어떤 기능이 있을까? 공정성을 정의의 가장 중요한 요소라고 전제할 때, 차별 대우를 감지하고 저항하는 능력은 '정의로운' 집단을 만들기 위해 개체가 갖추어야 할 인지 및 정서의 근간이라고 할 수 있다. 하지만 이 능력은 정의롭고 협력하는 사회를 위한 작은 첫걸음이요 필요조건일 뿐이다. 원숭이 A를 자세히 관찰해 보면 그 이유를 알 수 있다. 부당한 대우에 분노하는 원숭이 B를 보면서도 A는 어떤 동요도 보이지 않았다. 보상으로 제공된 포도를 그저 맛있게 먹었을 뿐이다. 물론 A에게도 B가 처한 상황을 비슷하게 만들어 주면, A 역시 똑같이 부당한 대우에 분노하며 보상을 거부한다. 즉, 원숭이는 자기가 부당한 대우를 받는 것에만 예민하게 반응한다. 남보다 적게 받으면 못참는 것, 남이야 어떻게 되든 말든 그저 자기에게만 집중하는 것, 이것이 바로 원숭이가 가진 공정성의 한계다.[2]

인간은 어떤가? 상대방을 배려할 줄 안다. 물론 늘 그런 건 아니다. 하지만 파트너가 나와 똑같은 일을 하고도 나보다 못한 보상을 받는다면, 내가 불편해서라도 불공정의 문제를 해결하려고 노력한다.

함께 일했으니 똑같이 나누자

독일 막스플랑크 연구소에서는 2세, 3세 아이들을 대상으로 구슬을 보상으로 받는 몇 가지 실험을 설계했다.[3] 첫 번째 실험에서 연구자들은 두 아이가 그들 앞에 각각 놓인 줄을 동시에 잡아당겨야, 즉 협력해야 구슬을 받을 수 있게 특수 실험 장치를 고안했다. 이때 구슬은 총 4개, 편의상 피험자 두 아이의 이름을 철수와 영희라 하자. 철수와 영희가 줄을 동시에 당기면 총 4개의 구슬을 나누어 갖는다. 철수가 4개를 다 받을 수도 있고(영희는 0개), 3개(영희는 1개), 2개(영희도 2개), 1개(영희는 3개), 0개(영희는 4개)를 받을 수도 있다. 두 아이에게 동등한 보상이 제공되지 않으면 어떤 일이 벌어질까? 가령, 3개를 받은 철수는 영희에게 1개를 더 줘서 파트너도 동등하게 보상받도록 적

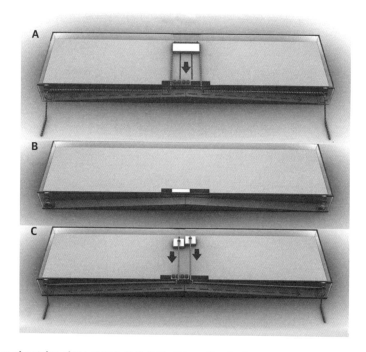

3-3 막스플랑크 연구소의 구슬 보상 실험 장치. A. 양쪽에 있는 줄을 두 아이가 각각 동시에 잡아당겨야 구슬을 얻을 수 있다. 얻게 되는 구슬의 개수는 다를 수 있다. B. 실험 장치 앞에 이미 구슬이 놓여 있어 노력 없이 구슬을 얻을 수 있다. C. 협력하지 않고 각각 줄을 잡아당겨 구슬을 얻을 수 있다. 각자의 노력으로 얻게 되는 구슬의 개수는 다르다.

극적인 조치를 할 것인가, 아니면 그냥 입을 싹 씻고 말 것인가?

결과는 상당히 흥미로웠다. 동등하게 참여했지만 상대방보다 더 많은 보상을 받은 아이들 중 75퍼센트 정도가 자기 구슬을 나누어 줬다. 각자 동등한 보상을 받게 한 것이다. 대개 3세 아이들은 자기 장난감을 다른 아이들에게 나누어 주지 않으려는 것을 감안할 때, 상당히 놀라운 결과라 할 수 있다. 어쩌면 아이들에게도 일을 함께했으니 똑같이 나눠야 한다는 일종의 공정성 감각이 있다는 것을 확인하는 결과일지도 모른다. 이를 더욱 분명하게 하려고 연구자들은 다른 조건에서 비슷한 실험을 진행했다.

두 번째 실험은 실험 장치 앞에 이미 구슬이 놓여 있는 조건이다. 이때는 구슬을 얻기 위해 어떤 노력도 할 필요가 없다. 가령, 영희 앞에 구슬이 1개만 놓여 있고, 철수 앞에는 구슬이 3개 놓여 있다고 해보자. 이때 철수는 영희에게 자신의 구슬 중 1개를 건네줄까? 아이들 중 겨우 5퍼센트 정도만 이런 선의를 베풀었다. 이 경우에 아이들은 일을 같이한 것도 아니니 각자가 동등한 보상을 받을 필요가 없다고 생각했을 것이다.

세 번째 실험은 75퍼센트가 구슬을 나누어 준 첫 번째 실험 조건을 살짝 비튼 경우다. 두 아이가 각자 줄을 잡아당기기 시작한다. 그런데 실험 장치를 주의 깊게 살펴보니 자신에게 오는 구슬은 자신이 잡아당긴 줄에 의해서만 영향을 받는다. 철수와 영희가 동시에 같은 일을 수행했지만(줄 잡아당기기), 구슬을 얻기 위해 함께 협력한 경우는 아닌 셈이다. 이때 영희가 구슬 1개만 얻었다면 철수는 자신의 구슬 3개 중 1개를 영희에게 건네줄까? 아이들의 30퍼센트가량만 그런 행동을 했다. 철수가 보기에, 이 상황은 영희가 부당한 대우를 받고 있는 게 아니다. 첫 번째 실험처럼 일을 함께해서 얻은 경우가 아니니 구슬을 동등하게 나눌 필요가 없다고 생각한 것이다.

연구자들은 침팬지를 대상으로 비슷한 실험을 해 보았다. 하지만 어떤 조건에서도 침팬지는 다른 침팬지가 무엇을 했는지 전혀 고려하지 않은 채 그저 자기가 얻을 수 있는 것은 무엇이든 얻으려고 했다. 공정성 감각이 인간보다 한 수 아래인 것은 분명하다.

못 먹는 감 찔러나 보자

인간과 다른 영장류가 공정성의 수준에 차이가 있다는 걸 보여 주는
또 다른 연구 결과도 있다. 이른바 '최후통첩 게임ultimatum game' 실
험이다. 피험자들을 제안자와 수용자로 나눈다. 실험자는 제안자에게
일정 금액의 돈, 예컨대 10만 원을 주고, 제안자는 받은 돈 10만 원
을 수용자와 어떻게 나눌지 결정한 후 수용자에게 일정 금액을 제시
한다. 그러면 수용자는 그 제안의 수용 여부를 결정한다. 수용자가 제
안을 받아들이면 제안자와 수용자는 나눈 만큼 돈을 받고 게임이 끝
나지만, 거절하면 두 사람 모두 빈손으로 돌아가야 한다. 추가 협상은
없고 단 한 번에 끝나는 게임이다. 두 사람 다 경제적으로 합리적인
사고를 한다면 제안자는 되도록이면 적은 금액을 수용자에게 주려고
할 테고, 수용자는 적은 금액이라도 받는 것이 유리하다.

실험 결과는 어땠을까? 제안자는 대체로 자신이 받은 돈의 40~50
퍼센트(10만 원 중 4만~5만 원)를 제안했고 수용자는 이를 받아들였다.
그러나 제안자가 20퍼센트 이하의 돈을 제안했을 때는 수용자 대부
분이 거부했다. 단순 계산으로는 수용자가 단돈 1,000원이라도 받는
것이 빈손으로 가는 것보다 더 이득인데도 말이다! 이런 결과는 어느
문화권에서나 거의 동일했다. 왜 그럴까? 제안자가 20퍼센트 이하를
제시하는 경우에 수용자는 그 금액이 부당하다고 느껴 돈을 거부함으
로써 제안자를 응징하려 한다. 못 먹는 감 찔러나 보자는 심보인 셈이
다. 한편, 제안자는 이런 결과를 예상하면서 거부를 당해 낭패를 보지
않으려고 수용자에게 적당량의 돈을 나누어 주려 한다. 그 비율이 대

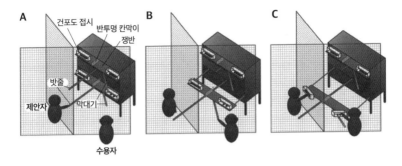

3-4 침팬지의 최후통첩 게임 실험. 제안자와 수용자가 협력해야 쟁반 위 접시에 놓인 건포도를 둘 모두 먹을 수 있다. 그런데 양쪽 건포도의 개수가 다르다! 침팬지는 불공정한 상황을 거부하지 않고 협력할까?

략 30~50퍼센트다.[4] 이것만 보면 인간은 공정성의 수준이 매우 높은 종이지만 경제관념이 합리적인 동물이라고 말하기는 어렵다. 경제적 합리성으로만 따지면 수용자는 푼돈일망정 무조건 받아야 한다.

침팬지를 대상으로 실험하면 어떤 결과가 나올까?[5] 연구자들은 철조망으로 분리된 우리에 제안자와 수용자를 각각 한 마리씩 넣고, 우리 바깥에 쟁반 2개가 위아래로 꽂혀 있는 실험 장치를 고안했다. 각 쟁반에는 가운데 반투명 칸막이를 사이에 두고 건포도를 담은 접시가 하나씩 놓여 있다. 제안자가 쟁반과 연결된 밧줄을 이용해 쟁반 2개 중 하나를 우리 쪽으로 당기면 쟁반이 원래 우리와 떨어진 거리의 반 정도까지 오게 된다. 그러고 나면 수용자는 쟁반과 연결된 막대기를 잡을 수 있다. 만일 수용자가 막대기를 잡아당기면 두 침팬지 모두 자기 앞쪽으로 온 접시 위의 건포도를 먹을 수 있고, 1분 이내에 막대기를 당기지 않으면 둘 다 건포도를 먹을 수 없다.

이때 위쪽 쟁반에 있는 접시의 건포도는 항상 제안자 쪽(왼쪽)이 8개,

수용자 쪽(오른쪽)이 2개였다(8:2). 아래쪽 쟁반에 있는 접시의 건포도는 총 네 가지 조합, 즉 제안자 쪽과 수용자 쪽의 건포도 개수를 각각 5:5, 2:8, 8:2, 10:0으로 구성했다. 각각의 상황에서 제안자와 수용자는 어떤 선택을 했을까?[■]

침팬지 수용자는 주어진 건포도의 개수에 상관없이 대체로 건포도를 먹었다. 제안자가 8:2 접시를 선택했을 때 2를 거부하는 비율은 높지 않았고, 다른 조건에 따라 거부하는 비율이 5~14퍼센트가량 차이가 있기는 했으나, 통계적으로 의미는 없었다. 침팬지들은 불공정한 상황을 거부하지 않았고, 제안자보다 건포도 개수가 적더라도 먹을 수만 있다면 무조건 받아들인 것이다.

한편, 연구자들은 침팬지 제안자가 수용자에게 끼칠 영향을 고려하지 않은 채 접시를 선택한다는 점을 확인했다. 제안자도 전통 경제학에서 말하는 합리적 행동을 한 셈이다. 그러나 10:0 조건도 있었지만 8:2 접시를 선택한 비율이 약간 더 높았던 사실로 미루어 볼 때, 10:0을 선택하면 수용자가 거부할 확률이 높다는 것을 인지하는 듯했다.

이렇게 침팬지를 대상으로 한 실험 결과는 인간의 경우와 크게 달랐다. 인간은 제안자가 제시하는 조건에 따라 그것을 거부하는 비율이 달랐으며 그 비율은 침팬지와 정반대였다. 인간의 경우, 제안자가 8:2 조건을 선택했을 때 수용자의 거부 비율이 가장 높았다. 최후통첩 게임으로 드러난 사실을 종합해 보면, 침팬지는 '합리적'(여기에 따옴표를 붙인 이유는 전통 경제학 입장에서만 그렇다는 뜻이다.)인 반면, 인간은

■ 침팬지는 수 개념이 약하지만 양 개념은 비교적 잘 이해한다고 알려져 있다.

'비합리적'이다. 인간은 공정성에 매우 민감하다.

차별 대우와 혐오감

공정성은 우리 몸에 어떻게 각인되어 있을까? 인간의 기본 감정 중에서 혐오가 공정성에 관련된 도덕적 판단과 상관관계가 있다는 연구가 진행 중이다. 혐오는 도덕성을 위반한 상황과 결부된 감정이기도 하지만, 근본적으로 음식 맛이 나쁠 때, 오염된 것을 접했을 때 기본적으로 나오는 거부 반응이다. 나쁜 맛이나 오염된 것을 거부하는 반응은 일종의 위험 신호로서 생존에 필수적일 수밖에 없다. 이처럼 도덕성 위반과 관련된 감정이 음식의 좋지 않은 맛 또는 오염된 것을 거부하는 반응과 관련 있다면 둘 사이의 선후 관계는 비교적 명확하다. 혐오는 동물의 생리 반응이기 때문이다. 즉, 진화론의 관점에서 보면 혐오는 입에서부터 도덕으로 이어졌을 가능성이 크다.[6]

최근 도덕적 혐오감과 그것을 대하는 얼굴 표정의 관계를 알아보는 실험이 있었다. 이 실험은 앞서 설명한 최후통첩 게임을 하면서 부당한 대우를 받는 수용자의 얼굴 근육 반응을 측정하는 방식으로 진행되었다. 가령, 제안자가 받은 돈의 10퍼센트만 수용자에게 주겠다고 했을 때 수용자의 얼굴 표정은 어땠을까? 미각 혐오에서 일어나는 것과 똑같은 표정 변화가 생길까? 흥미롭게도 연구 결과는 그렇게 나왔다. 게다가 부당함의 정도가 커질수록, 즉 제안 금액이 줄어들수록 미각 혐오와 관련된 안와하근眼窩下筋의 반응이 증가했다.[7] 안와하근은 상한 음식을 먹고 나서 윗입술을 들어 올려 코에 주름이 잡히는 표정을 지을 때 사용되는 얼굴 근육이다.

부당한 제안을 받을 때 느끼는 감정 변화는 매우 복잡다단하다. 혐오감이 들지만, 화가 나기도 하고, 슬픔이 밀려오기도 한다. 실제로 화, 슬픔, 혐오의 감정은 부당함이 커질수록 더 크게 나타났다. 부당한 제안을 받았을 때 느끼는 감정의 정도를 측정했더니 혐오감이 커질수록 안와하근의 변화 수치가 다른 감정보다 높게 나타났다. 다시 말해, 여러 감정 중에서 혐오가 안와하근의 반응을 높이는 데 가장 핵심적으로 작용했다.

이 실험에서 흥미로운 사실이 드러났다. 음식 맛이 나쁠 때의 혐오, 기본 감정으로서의 혐오, 부당한 상황에서의 혐오, 이 세 가지가 공통의 표정 반응을 보인다는 점이다. 진화의 측면에서 볼 때 미각 혐오가 제일 먼저 나타났을 거라는 점을 감안한다면, 이것이 어떻게 도덕적 혐오로까지 변용되었는지는 앞으로 규명해야 할 연구 과제다.

자연계는 '불공정'하다. 이 불공정한 세상에 원숭이와 침팬지가 보이는 반응은 마냥 억울해하거나 그냥 즐기는 것이다. 하지만 공정성 감각이 훨씬 더 발달한 인간은 도덕적 혐오감과 함께 배려심을 증진시키며 더 공정한 사회를 만들어 왔다. 불공정성의 간극을 메우려는 인간의 도덕적 진화는 현재 진행형이다.

마음 읽기의 진화

몇 해 전 어느 원로 배우가 자신의 전 재산을 애완견에게 주겠다고 폭탄선언을 한 적이 있다. 아마 자기 마음을 알아주는 건 강아지밖에 없다고 느꼈을는지도 모른다. 반려동물을 키워 본 사람이라면 이와 비슷한 경험이 있다. "산책 좀 나가 볼까?"라고 하면 강아지는 좋아서 껑충껑충 뛴다. 주인의 마음을 읽는 것 같다.

그런데 다른 개체의 마음을 읽는다는 것은 그리 단순한 능력도, 그리 손쉽게 알 수 있는 행위도 아니다. 진실을 말해 보자. 강아지는 주인의 마음을 읽는 것이 아니라 오랜 기간의 경험과 학습을 통해 익숙해진 행동을 하는 것뿐이다. 마음 읽기라기보다는 행동 읽기다. 예를 들어, 주인이 과자 봉지를 뜯을 때마다 강아지는 늘 그것을 얻어먹었기에 과자 봉지만 봐도 좋아 날뛰는 것이지, '과자를 강아지에게 줘야지.'라고 주인이 생각했다고 추론한 것은 아니다.

타인의 마음을 헤아리는 능력

인간의 사회 인지를 연구하는 학자들은 다른 개체의 마음을 읽어 내는 능력이 인간 고유의 것이라고 주장해 왔다. 그들은 인류의 장구한 진화 역사 동안 계속 펼쳐졌던 복잡한 사회 환경에 대한 일종의 적응 기제로서, 이른바 '마음 이론theory of mind, 이하 ToM'이 인간에게 장착되었다고 주장한다.[1] 흥미로운 대목은 진정한 의미의 ToM이 인간에게만 있다는 주장이다.

ToM이 있다는 말은, 간단히 말해, 다른 사람이 무슨 생각을 하는지 미루어 짐작하는 능력을 지니고 있다는 뜻이다. 즉, 욕망, 믿음, 감정 같은 타인의 정신 상태와 그 정신 상태로 야기된 타인의 행동을 이해한다는 의미다. 인간의 ToM이 실제로 어떤 기제로 작동하는지는 발달심리학과 철학의 주요 관심사다. ToM의 작동 방식을 논의하기 전에 인간에게 ToM이란 게 정말로 존재하는지 그 문제부터 이야기해 보자.

발달심리학자들에 따르면, ToM이 인간의 발달 과정에서 어느 시기에 어떤 식으로 형성되는지 논쟁의 여지는 있지만 일반적인 발달 과정을 거친 아이들은 3~5세가 지나면 대개 '틀린 믿음 테스트false belief test'를 별문제 없이 통과한다. 틀린 믿음 테스트란, 어떤 것이 틀렸다는 사실을 자신은 알지만 다른 누군가는 그 틀린 사실을 믿을 수 있다는 점을 이해하는 능력이 있는지 알아보는 테스트다. 샐리-앤 테스트Sally-Ann test가 대표적인데, ToM의 유무를 판별하는 기준으로 널리 사용된다. 다음과 같이 피험자 앞에 샐리와 앤이라는 인형 2개를 놓고 진행한다. 샐리는 바구니 안에 구슬을 넣고 방을 나간다. 샐리가 나가 있을 때 앤이 바구니 안에 있던 구슬을 꺼내서 상자 속에 넣는다. 실험자가 이런 장면을 연출해 주고 피험자에게 "샐리가

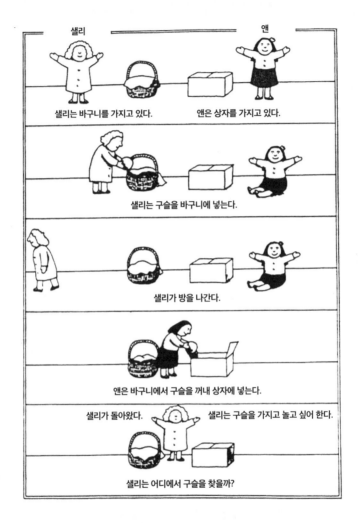

4-1 고전적인 틀린 믿음 테스트인 '샐리-앤 테스트'. 4세 미만인 아이는 샐리가 상자에서 구슬을 찾을 거라고 답한다. 발달 과정상 아직 샐리의 관점을 취하지 못하는 것이다.

다시 방으로 돌아오면 구슬을 어디서 찾을까?" 하고 묻는다.

피험자가 4세 미만의 아이라면 주로 "샐리가 상자에서 구슬을 찾을 것"이라고 대답한다. 이렇게 대답하는 피험자는 이 테스트를 통과하지 못한 것이다. 샐리의 관점을 취하지 못하고, 샐리의 정신 상태가 자신의 정신 상태와 다를 수 있다는 점을 이해하지 못하기 때문이다. 반면, 일반적인 발달 과정을 겪은 4세 이후의 아이는 대부분 별문제 없이 이 테스트를 통과한다.

마음 읽기에 실패하면?

자폐 아동은 4세 이후에도 틀린 믿음 테스트를 좀처럼 통과하지 못한다. 자폐 연구자 사이먼 배런-코언Simon Baron-Cohen의 연구 결과에 따르면, 4세 아동의 85퍼센트는 이 테스트를 통과하지만 자폐 아동은 약 20퍼센트만 성공한다. 더욱 놀라운 사실은, 이 연구에서 다운증후군에 걸린 아이도 샐리-앤 테스트를 86퍼센트나 통과했다는 점이다. 자폐증은 1만 명의 아동 중 4~5명 정도 발생하는 유전적인 질병으로 알려져 있다. 자폐 아동에게는 사회성 능력(눈 맞추기와 표정 인식), 언어 능력(비유 이해와 대화 능력), 상상력(역힐 놀이)에서 심각한 결손이 발견된다. 이 때문에 ToM 능력도 크게 떨어진다고 간주된다. 자폐 아동은 사회성 능력의 결손 외에도 강한 집착과 과민 반응, 그리고 변화 대처 능력이 떨어지는 등 다른 문제도 가지고 있다.

하지만 자폐 아동의 25퍼센트가량은 지능 면에서 일반 아동과 별

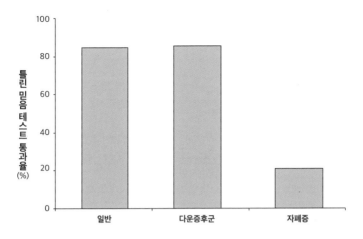

4-2 일반적인 4세 아동, 다운증후군 아동, 자폐 아동이 틀린 믿음 테스트를 통과하는 비율을 비교한 그래프. IQ가 낮지만 사회성이 발달한 다운증후군 아동이 이 테스트에서 일반 아동과 거의 동일한 능력을 보여 준 반면, 자폐 아동의 통과율은 상당히 낮았다.

반 차이가 없고, 개중에는 미술이나 음악 재능이 일반인에 비해 월등한 경우도 있다. 영화 〈레인맨Rain Man〉에 나오는 자폐 환자 레이먼드처럼, 자폐 환자 중에는 비상한 두뇌를 가진 경우가 더러 있다. 레이먼드는 짧은 시간 안에 글을 읽고 그대로 외워 버리는 엄청난 기억력을 가지고 있으며, 계산기로 3분 정도 걸릴 문제를 암산으로 20초 만에 푼다. 피아노를 잘 치거나 그림을 기가 막히게 잘 그리는 경우도 있다. 그런데 이런 몇몇 천재도 틀린 믿음 테스트는 여전히 어려워해서, 보통 사람들보다 훨씬 늦은 나이에 통과하거나, 타인의 마음을 더 깊이 이해하는, 예컨대 샐리-앤 테스트에서 "앤은 '샐리가 구슬이 바구니에 있다고 생각할 것이라고' 믿고 있다."는 내용을 이해하는 수준까지 나아가지 못한다. 조현병 환자 역시 마음 읽기 능력에 문제가 있는 경우가 많다. 그들은 다른 사람의 마음을 과도하게 읽는 것처럼 보일 때도 있는데, 자세히 보면 대부분 마음을 제대로 읽은 게 아니라 오해한 것이다. 실제로 조현병 환자도 틀린 믿음 테스트를 잘 통과하지 못한다.

이런 연구들은 자신과 타인의 마음을 제대로 읽는 기제, 즉 ToM이 실제로 존재한다는 점과 그런 기제가 발달 과정의 특정 시점에서 정교하게 작동하기 시작한다는 사실을 보여 줌으로써 사회 인지의 본성을 밝히는 데 크게 기여했다.

마음 이론이 작동하는 메커니즘

인간의 ToM은 어떤 방식으로 작동할까? 이와 관련해 그동안 두 가지 견해가 서로 경쟁해 왔다. '이론-이론theory-theory'과 '시뮬레이션 이론simulation theory'이다.

이론-이론은 보다 일반적인 심리 발달 이론의 한 부분으로, 앨리슨 고프닉Alison Gopnik이 대표적인 연구자다. 여기서 말하는 이론은 과학 이론 같은 거창한 게 아니다. 상식에 근거한 일반적인 경향, 예를 들어 특정 상황에서 느낄 만한 기분이나 감정, 추측 같은 이른바 통속 심리학folk psychology적 이해를 말한다. 이론-이론은 어린이의 인지 발달을 과학 이론의 변화에 유비類比, analogy하여 설명한다. 과학자들은 추상적인 개념과 법칙을 정립하고 이론을 세운다. 그리고 그 이론으로 현상을 예측하고 설명한다. 만약 해당 이론에 맞지 않는 변칙적인 현상을 발견할 경우 새로운 자료를 모으고 실험을 실시해 이론을 수정한다. 이론-이론에 따르면, 아이들은 마치 과학자가 과학 이론을 세우고 현상을 설명하듯이 스스로 추상적이고 정합적인 정신적 존재와 법칙을 가정하고 마음에 관한 직관적인 이론을 발달시켜 자기 자신과 타인의 행동을 설명한다. 아이들은 이전에 경험하지 않았던 새로운 상황에 직면했을 때 과학 이론이 수정되는 과정과 마찬가지 방식으로 자신의 이론을 수정해 나간다. 이론-이론은 마음에 관한 아이들의 이론 발전이 과학 이론의 발전 양태와 동형적이라고 주장한다.[2]

심리철학자 앨빈 골드먼Alvin Goldman 등이 발전시킨 시뮬레이션 이론은 심리적 능력의 기저에 어떤 이론들이 있다는 이론-이론의 주장에 대한 반론이다. 이 이론은 다른 사람의 마음을 이해하는 것은 타인의 경험을 상상하거나 시뮬레이션할 수 있는 능력에 달려 있다고 주장한다.[3] 인간은 자기 자신의 마음을 하나의 모델로 삼아 가상의 상황에서 의사 결정을 내려 보면서(시뮬레이션을 해 봄으로써) 타인의 행동이 일어나게 된 심리적 연유를 짐작할 수 있다는 것이다. 쉽게 말하면 역지사지와 같다. 골드먼은 이런 시뮬레이션을 의식적으로 할 수 있다고 주장하지만, 다른 이론가들은 이런 시뮬레이션이 무의식적인 과정이라고 말한다.

이론-이론과 시뮬레이션 이론 중에 어떤 것이 ToM의 작동 기제를 더 정확히 설명하는지 장담하기는 힘들다. 현재 두 이론은 저마다 장단점이 있다. 예컨대, 3세 어린이가 타인의 틀린 믿음을 이해하지 못할 뿐만 아니라 자기 마음도 쉽게 표현할 수 없다는 사실은 시뮬레이션 이론가들을 곤혹스럽게 만든다. 왜냐하면 그것은 그 연령의 아동들이 자신의 사고 과정에 의식적으로 접근하지 못한다는 것을 말해 주기 때문이다. 반면, 시뮬레이션 이론을 뒷받침하는 것처럼 보이는 증거도 있다. 시뮬레이션 이론에 따르면, 타인의 틀린 믿음을 고려해서 타인의 행동을 예측하려면 풍부한 상상력을 동원하여 역지사지를 해야 한다. 나이가 어릴수록 그런 작업은 어렵고 실제 결과도 마찬가지다. 또한 틀린 믿음 테스트를 통과하지 못하는 자폐 아동이 역할 놀이를 잘 못한다는 사실도 이론-이론보다는 시뮬레이션 이론에 더 잘 부합하는 것으로 보인다.

인간만이 틀린 믿음 테스트를 통과한다

일반적인 발달 과정을 거친 아이는 다른 사람의 의도를 이해할 수 있다. 예를 들어, 누군가가 두 손에 책을 잔뜩 들고 있어서 책장 문을 열지 못하는 광경을 목격한 아이는 책장 문을 열어 준다. 침팬지에게도 이런 눈치가 있을까? 처음에는 침팬지가 의도를 파악하지 못할 것이라 생각했다. 그러나 훈련을 받지 않은 침팬지도 사람의 의도를 파악하는 것처럼 보인다. 가령, 사람이 뭔가를 가지고 있다가 떨어뜨린 후 그것을 집으려고 애쓰는 행동을 하면 침팬지는 그것을 가져다준다.

이것을 두고 침팬지가 다른 개체의 마음을 읽는다고 할 수 있을까? 이 정도 가지고는 확신할 수 없다. 침팬지의 마음 이론을 연구해 온 대니얼 포비넬리Daniel Povinelli의 연구에 따르면, 침팬지에게는 다른 개체의 마음을 읽어 내는 능력이 없다. 그는 침팬지가 먹이를 얻기 위해 시선을 가린 사람(양동이를 쓰거나 스크린으로 막는 등의 방법으로)과 가리지 않은 사람 중 어느 쪽으로 더 많이 가는지 확인해 보는 실험을 실시했다. 침팬지가 사람의 마음을 읽는다면, 눈을 마주쳐 먹이를 주겠다는 시선을 확인할 수 있는 사람에게 더 많이 가야 할 것이다. 실험 결과는 무작위 패턴을 보였고, 연구자는 침팬지가 사람의 마음을 읽지 못한다고 결론을 내렸다.[4]

영장류학자 브라이언 해어Brian Hare는 좀 더 정교한 실험을 실시했다. 그는 포비넬리의 실험이, 사람이 먹이를 들고 있었기 때문에 자연스러운 상황이 아니라고 생각했다. 해어는 침팬지끼리 경쟁하는 상황을 만들어 보려고 했다. 침팬지 사회에는 우위자와 열위자가 있는데, 서열 1위와 서열 3위가 먹이를 두고 경쟁하는 상황이 벌어지기도 한다. 연구자는 서열 3위만 먹이가 어디에 있는지 아는 경우, 서열 1위와 서열 3위 모두 먹이의 위치를 아는 경우 등 여러 조건을 설계했다. 관찰 결과, 서열 3위는 서열 1위 침팬지가 먹이의 위치를 모를 때 먹이를 더 많이 찾으러 갔다. 먹이를 찾으러 가는 자기를 서열 1위가 지켜본다는 사실을 의식하고 있는 것이다. 한편, 침팬지는 인간 연구자와 자기 사이에 투명한 창이 있을 때보다 불투명한 창으로 가려져 있을 때 앞에 놓인 먹이를 더 많이 집어 갔다. 이런 연구 결과는 포비넬리의 결론을 뒤집었다. 침팬지는 적어도 다른 개체가 무엇을 '보는지, 안 보는지' 구분하며 의도를 파악할 수 있다.[5]

해어는 후속 연구를 진행하면서, 침팬지가 다른 침팬지들이 특정 사실을 '아는지 모르는지'를 구분할 수 있는지를 알아보는 실험도 실시했다. 그 결과, 다른 침팬지가 먹이의 위치를 아는지 여부에 따라 침팬지의 행동이 달라진다는 사실이 밝혀졌다. 침팬지도 다른 침팬지의 '지식'에 대해 알고 있다는 뜻이다. 하지만 다른 침팬지가 틀린 믿음을 가지고 있는지는 이해하지 못했다. 예컨대, 다른 침팬지는 모르게 먹이를 다른 곳으로 옮겨 놓았을 때, 그 침팬지가 잘못 알고 있을 것이라고 예측하지 못했다. 다시 말해, 침팬지는 앞서 언급한 틀린 믿음 테스트를 통과하지 못한다는 것이다. 이런 일련의 실험 결과들을 토대로 영장류학자들은 침팬지가 인간처럼, 다른 개체가 어떤 목적을 가지고 있는지(의도), 무엇을 보는지(지각), 그리고 무엇을 알고 있는지(지식) 이해할 수 있다고 주장하기도 한다. 하지만 그들 역시 침팬지는 인간과 달리, 타 개체가 잘못된 믿음을 가질 수 있다는 점은 이해하지 못한다고 결론 내렸다. 평범한 인간이 4세 정도가 되면 통과하는 틀린 믿음 테스트를 침팬지는 결코 통과하지 못한다는 것이다. 정리하면, 침팬지도 어느 정도는 타 개체의 마음을 읽을 수 있지만, 인간처럼 타 개체의 틀린 믿음까지는 이해하지 못한다고 할 수 있다.[6]

권모술수가 진화한 이유

ToM 같은 기제가 인간에게만 온전하게 나타나는 이유는 무엇일까? 이것은 ToM이 실제로 언제, 어떻게 작동하는지를 따지는 근인적 질문과는 성격이 다른, '왜'를 묻는 궁극적 질문이다. 즉, ToM이 '적응 문제'와 어떤 관련이 있는지 따져 보는 질문이다. '타인의 마음 읽기'는 혹독한 자연환경이 우리 조상에게 부과한 문제가 아니다. 오히려 동종의 구성원들이 관계를 맺는 과정에서 발생한 사회적 문제로서, 600만 년 전 인류의 첫 조상부터 현재에 이르기까지 무리를 이루어 살아온 인류를 끊임없이 곤혹스럽게 만들었던 난제였다. 영장류 종 중에서 가장 큰 집단생활을 하는 인류에게, 무리를 지어 살아가지 않았다면 존속할 수 없었던 인류에게, 타인의 마음을 읽어 내는 능력만큼 중요한 것은 없었다.

하지만 거시적으로 보면 이런 적응 문제가 인류에게만 국한된 것은 결코 아니다. '사회적 복잡성'이야말로 영장류의 진화 역사를 관통하는 뚜렷한 특징이기 때문이다. 복잡한 사회에 적응하기 위해 원숭이와 유인원은 자기 무리에서 종종 통했던 권모술수 전략을 채택했을 것이다. 이른바 '마키아벨리적 지능 가설Machiavellian intelligence hypothesis'은 영장류의 고등 인지가 일차적으로 그들이 처했던 사회생활의 특수한 복잡성에 적응하는 과정에서 생겼다고 주장한다. 이 가설에 따르면, 인간까지 포함한 고등 영장류의 인지 발달을 이끌었던 주요 요소들은 신체 문제 해결, 먹이 찾기, 도구 만들기보다 사회생활의 복잡성으로 더 잘 설명할 수 있다. 이런 주장은 먹이 찾기 같은 비사회적인 생태 문제 덕분에 특수한 지능이 형성되었다고 보는 전통적 관점과 사뭇 다르다. 그렇다면 어째서 지능이 '마키아벨리적'이라는 것일까? 영장류 사회는 변화무쌍한 동맹 관계로 유지된다. 따라서 다른 개체를 이용하고 기만하는 행위, 좀 더 큰 이득을 위해 상대방과 손을 잡는 행위 등은 자신의 포괄 적합도를 높일 수 있다. 이렇게 권모술수에 능하려면 무엇보다 다른 개체의 마음을 정확히 읽어 내는 능력이 필요하다.

영장류의 사회 인지를 연구해 온 도러시 체니Dorothy Cheney와 로버트 세파스Robert Seyfarth에 따르면, 버빗원숭이vervet monkey는 똑같은 일이라도 비사회적인 일보다 사회적인 맥락에 놓인 일을 더 잘 수행한다. 예를 들어, 자기 친척에게 해를 입힌 놈의 친척 중에서 누구를 공격 대상으로 삼을지는 잘 알지만, 최근에 구렁이가 어떤 덤불 사이로 들어와 해를 입혔는지는 잘 모른다.[7]

침팬지는 동료의 틀린 믿음을 이해하지 못한다. 다른 영장류야 말할 것도 없다. 침팬지 세계에서도 기만 행동, 예컨대 바나나를 숨겨 놓고 다른 동료들이 없을 때 혼자 몰래 먹는 행동이 관찰되지만, 이런 행동은 인간처럼 상대방의 마음을 읽은 후에 속이는 게 아니라 자기 생존에 유리한 행동을 학습한 것이다.

인간은 타인의 마음을 이해하고 그것에 근거하여 타인을 속여 넘길 수 있다. 2014년에 상영된 영화 〈아메리칸 허슬American Hustle〉을 보면, 엔딩 자막이 올라와도 왠지 찝찝하다. 대체 누가 누구의 뒤통수를 친 것인지 헷갈리기 때문이다. 이런 수준의 권모술수는 가장 복잡한 사회를 이룬 영장류 종인 인간의 세계에서만 가능하다. 그러니 만일 자녀가 처음 거짓말을 했다면, 너무 노여워하지 마시라. 아니, 그날은 조용히 파티를 여는 게 좋다. 자녀의 사회성 발달이 지극히 정상이라는 뜻이니까.

문명 탄생의 원동력

오스트레일리아 서해안의 페론 반도 지역에 가면 스릴 넘치는 사냥 놀이를 즐기는 암컷 돌고래들을 볼 수 있다. 돌고래들은 떼를 지어 해변의 모래사장 쪽으로 먹잇감을 몰아붙이다가 아슬아슬한 순간에 방향을 급선회한다. 자칫하다간 자신들도 모래에 처박힐 수 있다. 이런 위험천만한 행동이 어미로부터 새끼에게 전수된다는 증거는 아직 없다. 혹시 암컷들이 개발한 그들만의 독특한 사냥 '문화'일는지도 모른다.

동물(이하 '인간 이외의 다른 동물들'을 지칭함)에게도 문화가 존재하는가? 이 질문은 적어도 문화인류학에서는 꽤나 오랫동안 금칙문이었다. 문화란 그 정의에 비추어 볼 때 인간에게만 고유한 것이기 때문이다. 하지만 지난 반세기 동안 동물행동학자, 특히 영장류학자들은 동물의 세계에도 문화 같은 것이 존재할 수도 있다는 주장을 꾸준히 제기해 왔다.[1]

동물에게도 문화가 있을까

1940년대 영국에서 우유를 유리병에 담고 두꺼운 종이나 포일로 만든 뚜껑을 덮어 팔았다. 그런데 언젠가부터 박새가 뚜껑을 쪼아 구멍을 내서 맨 위에 떠 있는 고소한 지방층을 먹어 치우는 모습이 목격되었다. 박새의 이런 행동은 영국 전역으로 번져 나갔다. 마치 어느 반항적인 청년이 청바지를 찢어 입자, 전 세계 남성들이 바지를 찢어 입기 시작한 것과 비슷해 보였다. 박새의 이런 행동이 상당히 빠른 속도로 퍼져 나갔기 때문에 사람들은 박새에게도 유행과 문화가 있을 거라고 생각하기 시작했다. 빠르게 퍼진 행동이었기에 유전적 요인으로 발현된 행동이라고 보기도 힘들었다. 박새의 행동은 문화였을까?

글쎄⋯⋯. 원래 박새는 벌레를 잡아먹으려고 쪼는 행동을 한다. 이 행동은 개체 성장 과정에서 시행착오를 거치며 배운 것일 수도 있고, 태어날 때부터 발휘되는 본능일 수도 있다. 어쨌든 박새의 쪼는 행동은 그다지 새로울 것이 없다. 그런데 우연히도 그 시기에 우유 회사는 포일 뚜껑이 달린 우유를 새로 출시해 집집마다 배달했던 것이다. 박새의 쪼는 행동이 새로운 목표물을 포착했다. 박새는 원래부터 그런 행동을 해 왔으며 그 행동의 결과에 따른 보상을 받음으로써 더욱 강화되었을 뿐이다.

박새보다 좀 더 애매한 경우도 있다. 1953년 일본 규슈 지방의 고시마 섬에서 관찰된 일본원숭이의 사례를 보자.[2] 당시 사육사는 원숭이들에게 특식으로 고구마 한 무더기를 던져 주곤 했다. 물론 고구마

5-1 박새가 포일 뚜껑을 쪼아 구멍을 내 우유를 먹고 있다. 이런 행동은 박새 집단에서 **빠른 속도로** 퍼져 나갔다. 이것은 문화였을까?

는 씻지 않고 땅에서 캔 그대로였다. 50마리가량의 원숭이는 고구마를 그대로 우걱우걱 씹어 먹었다. 흙이 묻어 있어 먹기가 불편했겠지만 그런 것까지 신경 쓰는 원숭이는 단 한 마리도 없었다.

어느 날 이모Imo라는 18개월짜리 암컷 원숭이가 고구마를 집어 냇가로 가서 씻어 먹기 시작했다. 그 모습은 이전까지는 관찰된 적이 없었던 매우 혁신적인 행동이었다. 원숭이계의 스티브 잡스Steve Jobs라고나 할까? 그런데 놀라운 일이 벌어졌다. 고구마를 냇가에서 씻어 먹는 원숭이가 이모 주위에 하나둘 생기기 시작한 것이다. 더 놀라운 것은 세월이 흘러 한두 세대가 지나자 수컷 몇 마리를 제외하고는 거의 모든 개체가 고구마를 씻어 먹게 되었다는 사실이다. 이모가 죽고 난 후에도 이런 행동은 사라지지 않았다. 이 현상을 문화의 전수라고 할 수 있을까? 판단은 잠시 보류하고 또 다른 사례를 보자.

5-2 서아프리카 기니 지역의 침팬지가 돌로 견과류를 깨 먹는 모습. 모든 침팬지가 돌로 견과류를 깨 먹는 것은 아니다. 동아프리카에도 견과류가 있지만, 그곳에서 견과류를 깨는 침팬지는 찾아보기 힘들다.

'돌을 내리쳐서 견과류를 깨 먹는 행동'을 하는 침팬지를 만난다면 굳이 고향이 어딘지 물어볼 필요가 없다. 주로 서아프리카에 서식하는 침팬지만 그런 행동을 한다. 그중에서도 북쪽에 사는 침팬지는 대개 돌을 한 손으로 잡고 내리쳐 견과류를 깨는 반면, 남쪽의 침팬지는 두 손으로 내리쳐 견과류를 깨 먹는다. 그런데 어찌 된 영문인지 동아프리카에 사는 침팬지들이 견과류를 깨는 모습은 좀처럼 보기 힘들다. 대신 녀석들은 나뭇가지를 흰개미집 구멍에 쑤셔 넣고 거기에 달라붙은 흰개미들을 훑어 먹는다. 침팬지에게 흰개미는 고단백 영양 식품이다. 그렇다면 서아프리카에는 견과류만 널려 있고 흰개미가 없어서 이런 차이가 나는 것일까? 아니다. 동아프리카에도 견과류는 쎄고 쎘다. 물론 서아프리카에도 흰개미가 있다.

 어쩔 수 없이 하게 되는 행동이라면, 그것은 생태적으로 충분히 설

5-3 일본 나가노 지역 원숭이들이 온천욕을 즐기는 모습.

명이 가능하다. 예컨대, 겨울에 기온이 섭씨 영하 40도까지 떨어지고 눈도 많이 내리는 나가노 지역의 일본마카크원숭이Japanese Macaque 는 온천욕을 즐긴다. 서열이 높은 수컷은 상류층 암컷과 새끼들만 온천에 입장시키고 나머지는 못 들어오게 한다. 하층 원숭이들도 온천욕을 하고 싶지만 엄격한 규율 때문에 밖에서 덜덜 떨며 겨울을 나야한다. 마치 원숭이 사회에도 '온천 문화'라는 것이 있는 듯하다. 하지만 혹독한 기후 조건이기에 온천욕을 할 수밖에 없는 경우였다면, 그것은 문화라고 간주하기 힘들다. 반면, 동아프리카 침팬지의 흰개미 낚시질과 서아프리카 침팬지의 견과류 깨 먹기는 생태적으로는 설명이 잘 안 되는 사례들이다. 대안적 행동이 얼마든지 있기 때문이다. 이제 이것을 문화라 할 수 있을까? 조금만 더 보류하자.

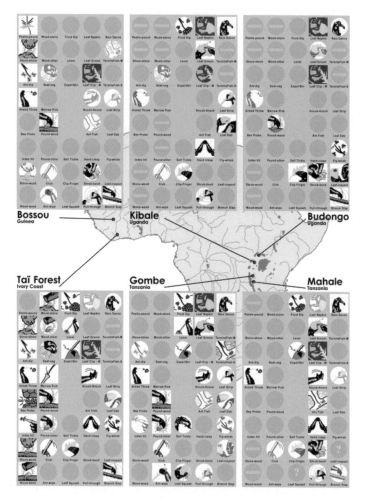

5-4 침팬지 연구의 대모 제인 구달(Jane Goodall)을 비롯한 영장류학자들은 아프리카 여러 지역 침팬지들의 독특한 행동들을 종합하여 침팬지의 '문화' 지도를 작성했다(여기서 작은따옴표가 붙은 '문화'는 인간의 문화와 구별된다는 의미를 담고 있다.). 그들은 아프리카 동쪽의 곰비, 마할레, 서쪽의 보수, 키발레 등지에 서식하는 침팬지들이 각 지역마다 독특한 행동 양식을 보인다는 사실을 발견했다. 그들은 이 사실들을 표로 제시하면서 문화영장류학(cultural primatology) 시대의 개막을 알리기도 했다.[3]

관찰을 통한 모방과 학습

지금까지 문화가 무엇인지 명확하게 규정하지 않은 채 동물의 세계에서 볼 수 있는 유사 문화 현상들을 살펴봤다.

동물의 '문화'와 인간의 문화는 어떤 차이가 있을까? 이를 규명하려면 많은 논의가 필요하지만 다음과 같은 몇 가지 구분법은 유용하다. 인간의 문화는 '모방과 학습'을 통해 행동이 전파되는 반면, 동물은 '자극 강화'를 통해 행동을 익힌다. 동물의 행동은 생태적으로 설명이 가능하지만 인간의 문화는 다른 설명이 필요하다.

고구마를 씻어 먹는 원숭이의 사례를 다시 보자. 원숭이들은 모방을 했을까? 그렇지 않다. 이 행동은 '자극 강화'에 가깝다. 원숭이들은 고구마를 물에 씻어 먹는 이모의 행동을 관찰한 다음 자기 고구마를 물가에 가져가서 씻어 먹었다. 처음에는 타 개체의 행동을 보고 그대로 따라 했을 것이다. 흙이 묻지 않은 고구마는 원숭이들에게 보상으로 작용했을 테고, 그 후 고구마를 받을 때마다 원숭이들은 물에 씻어 먹게 된 것이다. 적절한 보상이 매개로 작용하면서 '고구마(자극)'가 있으면 '물에 씻어 먹는 행동(반응)'이 강화되었을 가능성이 크다. 원숭이는 원래 고구마를 집어 들거나 물을 이용할 줄 알기 때문에 새로운 행동을 배운 것이 아니다. 즉, 원숭이에게 모방 능력이 없다고 해도 고구마를 씻어 먹는 행동은 큰 무리 없이 설명이 가능하다.

따라 한다고 다 모방은 아니다

관건은 모방 능력에 있다. 모방은 무엇인가? 행동주의 심리학자 에드 워드 손다이크Edward L. Thorndike는 모방을 "어떤 행동이 수행되는 것을 봄으로써 그 행동을 배우는 것"이라고 정의했다. 이 정의에 따르면 모방에는 관찰과 학습이 필수 요소로 포함되는데, '참된 모방true imitation'은 '관찰과 학습을 통해 새롭거나 있을 법하지 않은 행동 또는 발언, 그리고 본능적 성향이 없는 행동을 복제하는 행동'을 뜻한다. 그렇다면 참된 모방과 유사 모방은 어떻게 구분되는가?

심리학자 수전 블랙모어Susan J. Blackmore는 참된 모방을 단순한 전염, 개인적 학습, 비모방적 사회적 학습과 구분한다. 그는 모방을 단순히 남을 따라 하는 행위와 구분 지었다. 가령, 하품하는 사람을 보면 나도 덩달아 하품을 하게 될 때가 있다. 옆 사람들이 웃으면 나도 덩달아 웃게 되는 경우도 마찬가지다. 흔히 하품이나 웃음이 전염된다고 하는데, 하품과 웃음, 기침 등은 타인에게 꼭 배우지 않더라도 할 수 있는 불수의적不隨意的 행동이기에 모방이라고 할 수 없다.

모방에는 관찰과 학습이 모두 포함되어야 한다. 개인적 학습은 개체가 환경과 상호 작용해서 특정 반응이나 행동을 하는 것인데, 크게 고전적 조건화와 조작적 조건화 과정을 통해 가능하다. 하지만 이 두 가지 조건 형성 과정에는 타 개체를 관찰하는 과정이 전혀 포함되지 않기 때문에 개인적 학습은 모방이 아니다.

반면 사회적 학습은 타 개체를 관찰하는 과정이 포함된 학습이다. 모방도 일종의 사회적 학습이다. 한편, 가르치는 행위는 비모방적 사회적 학습의 사례로서 모방과 함께 문화를 탄생시키고 전수해 주는 좋은 메커니즘으로 간주된다.

절차적 행위의 모방

모방 능력을 놓고 비교했을 때 인간과 동물은 얼마나 다른가? 그동안 동물의 모방 행동을 다룬 흥미로운 연구 결과가 몇 가지 있었다.

첫째, '나처럼 해 봐Do as I do'라는 실험인데, 인간이 시범을 보이고 영장류나 개, 앵무새, 돌고래 등 동물이 따라 하게 한 다음에 그 결과를 분석하는 것이다. 침팬지의 경우에는 정확하게 따라 하는 행동이 약 30퍼센트 정도에 불과했다. 가령, 공을 바구니에 넣는 행동은 곧잘 따라 하는 반면, 공을 손에 들고 머리 위로 올리는 것은 거의 따라 하지 못했다.

둘째, '조이 실험The Joy experiment'이라고 이름 붙여진 것으로 개를 대상으로 한 실험이다. '조이'라는 개가 잘 따라 하는 것들은 장애물 뛰어넘기처럼 대부분 개에게 아주 익숙한 행동이었다. 하지만 익숙하지 않고 어떤 기능을 하는지 알 수 없는 행동은 따라 하지 못했다. 게다가 잘 따라 하지 못하는 주된 이유도 모방 능력의 한계가 아니라 기억 능력의 한계 때문이었다.

사실, 이 두 실험은 시범자가 인간이었고 대조군이 없었기 때문에 훌륭한 실험이라고 할 수 없다. 이후에는 좀 더 엄격한 실험이 이루어졌다. 예컨대, 실험자는 마모셋원숭이marmoset monkey가 필름 통을 여는 행동을 영상으로 찍은 후 그 영상을 다른 마모셋원숭이들에게 보여 주면서 그대로 따라 하게 했다. 또 대조군의 마모셋원숭이에게는 영상을 보여 주지 않고 필름 통을 열게 했다. 실험자는 실험군 원숭이가 영상 속의 원숭이와 얼마나 유사한 방식으로 필름 통을 여는지, 대조군 원숭이와 실험군 원숭이의 행동이 얼마나 차이가 나는지 조사해서 그 행동이 모방에 의한 것인지 여부를 알아내려 했다. 이를 위해 연구자들은 원숭이가 필름 통 뚜껑을 열 때 사용하는 얼굴의 각 부위를 지정하여 해당 부위의 무게 중심이 어떤 궤적을 그리는지 비교했다. 그 결과는 놀라웠다. 실험군 원숭이의 궤적은 영상 속 원숭이의 궤적과 유사했다. 반면 대조군 원숭이는 시범 원숭이가 보였던 궤적과 크게 달랐다. 이는 마모셋원숭이도 다른 개체의 행동을 어느 정도는 따라 할 수 있다는 것을 보여 준 흥미로운 연구다.[4]

인간과 침팬지의 모방 능력에 어떤 차이가 있는지 분명하게 보여 주는 실험이 있다.[5] 안이 보이지 않는 불투명한 상자를 놓고 인간이 시범을 보인 후 침팬지와 어린아이에게 각각 따라 하도록 했다. 시범자는 상자 위쪽에 수평으로 놓여 있는 막대기를 나뭇가지로 툭툭 밀치는 등, 상자 안 아래쪽에 있는 사탕을 꺼내는 것과 상관없는 행동을 먼저 한 다음에 사탕을 꺼냈다. 침팬지와 어린아이 모두 시범자의 행동을 잘 따라 했다. 물론 아이들이 침팬지보다 훨씬 더 정교하게 따라 했다. 여기까지는 그리 놀라운 결과가 아니다.

이번에는 투명한 상자로 실험을 실시했다. 즉, 사탕이 어디에 있는지 훤히 보이게 한 것이다. 그리고 똑같은 시범을 보였다. 침팬지는 어떻게 했을까? 침팬지는 사탕을 꺼내는 것과 상관없는 행동들, 다시

5-5 빅토리아 호너(Victoria Horner)와 앤드루 휘튼(Andrew Whiten)의 모방 능력 측정 실험. 사탕이 들여다보이지 않는 불투명한 상자에 있을 때, 침팬지는 시범자가 보인 무의미한 행동을 따라한 뒤에 사탕을 꺼냈으나, 투명한 상자에 사탕이 들여다보일 때는 기존의 절차를 무시하고 곧바로 사탕을 꺼냈다. 그러나 같은 실험에서 인간 아이들은 투명한 상자에 사탕이 들여다보일 때에도 절차를 그대로 따랐다. 이 실험 결과를 어떻게 해석해야 할까?

말해 상자 위쪽의 나뭇가지를 밀치는 행동 등을 모두 생략한 채, 아래쪽의 문을 열고 곧바로 사탕을 꺼냈다. 똘똘하지 않은가! 불필요한 행동을 과감히 생략했으니 말이다. 아이들은 어떻게 했을까? 아이들은 이번에도 시범대로 절차를 따라 했다. 이 얼마나 멍청한 짓인가!

사탕을 꺼내 먹는 것이 그에 앞서 하는 번거로운 행동들의 최종 목표였다면 침팬지가 승리자다. 침팬지에게는 융통성마저 보인다. 침팬지는 목표에 민감하다. 목표가 생존이나 번식과 관련되어 있으면 더더욱 그렇다. 인간과 달리 침팬지는 절차를 챙기지 않는다. 하지만 목표가 아니라 절차를 따르는 것이 핵심 과제였다면? 절차를 무조건 따라 한 인간 아이들이 승리자다. 그 절차가 무슨 의미를 지니는지 알든 모르든 상관없다. 절차가 관건이라면 무조건 따라 해야 승리자가될 수 있다.

문화와 문명을 보라. 그것은 역사 속의 수많은 개인이 차곡차곡 쌓아 온 지식과 기술의 총체다. 만일 인간의 선조들이 침팬지처럼 목표에만 관심을 기울이고 절차를 은근슬쩍 건너뛰었다면, 호모 사피엔스의 문명은 어딘가에서 멈출 수밖에 없었을 것이다. 문명은 복잡다단한 수많은 절차가 축적되어야 만들어지는 것이다. 개개인이 이룩한 과거의 성취들을 정확하게 복제하지 못한다면 그다음 수준으로나아갈 수 없다. 감히 말하자면, 절차를 잘 따라 하는지, 절차까지 따라 하려고 하는지 여부가 인간과 침팬지를 갈라놓았다.

사회적 학습과 지식의 전수

인간은 문화와 문명의 축적을 아주 효과적으로, 정확하게 수행하기위해 교육이라는 일종의 사회적 학습법을 발명했다. 인간은 학교를세워 학생들을 가르친다. 모르면 때리기까지 하면서 가르친다. 인도의 브라만 계급은 《베다Veda》 경전을 집단적으로 외운다. 그 경전은구전으로 전수되므로 하나라도 오류가 생기지 않게 하려고 많은 사람을 암송에 동참시킨다. 앞에서 뒤로 외우기도 하고 뒤에서부터 앞으로 외우기도 한다. 암송해야 할 양이 엄청나기 때문에 갖가지 방법을 이용해 외운다. 지금 전 세계 각국에 고등학교 졸업 자격 기준을 두고 있는 것은 어찌 보면 문명을 유지하려는 인간의 몸부림이라고 할 수 있다.

그러나 침팬지 사회의 부모나 어른은 관대하기 이를 데 없다. 흰개미 낚시질 장면을 보자. 어린 침팬지가 나뭇가지를 서툴게 쑤셔 넣어도 어른 침팬지는 그냥 바라보기만 한다. 만일 인간이라면 어땠을까? 먼저 시범을 보인 다음 나뭇가지를 건네주면서 한번 해 보라고 할 것이다. 아이가 잘 못하면 바로잡아 주면서 연습을 시킬 것이다. 인간 세계에서 흔히 볼 수 있는 이런 광경을 침팬지 사회에서는 찾아볼 수 없다. 문화가 전수되지 않는 것도 바로 이 때문이다. 흰개미 낚시질이라는 놀라운 기술이 제대로 전수되지 않는 것이다.

1820년대 그린란드 북서쪽의 이누이트 마을에 갑자기 전염병이 돌아 노인들이 떼죽음을 당했다. 그것이 재앙의 끝이 아니었다. 그 당시에는 사람이 죽으면 고인이 만든 물건까지 모두 무덤에 넣는 풍습이 있었다. 그런데 마을을 휩쓴 돌림병 때문에 기술과 지식을 보유한 노인들은 물론 그들이 만든 물건들까지 불시에 사라지게 된 것이다. 이제 마을에는 그동안 노인들이 만들어 왔던 카누, 카약, 작살, 화살 등의 제작 방법을 아는 사람이 없었다. 생존에 크나큰 위협이었고 자칫하면 마을 전체가 멸절될 수도 있는 상황이었다. 그 후로 40년이 지나서야 다른 섬으로부터 이누이트족이 들어오면서 예전 기술이 복원되었다.

지식은 '저절로' 확산되지 않는다. 어느 순간 지식을 잊어버리고 중요한 연결 고리가 끊어지면 인간은 다시 예전으로 돌아갈 수도 있다. 지식이 전수되지 않는다면 문명은 붕괴될지도 모른다. 따라서 우리

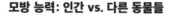

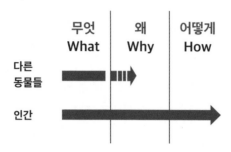

모방 능력: 인간 vs. 다른 동물들

	무엇 What	왜 Why	어떻게 How
다른 동물들			
인간			

5-6 다른 동물은 대개 목표물을 얻는 데서 행위를 그치지만, 인간은 대상, 인과관계, 방법의 단계까지 사고하고 행동한다. 문명은 사회적 학습을 통해 복잡다단한 절차가 전수되고 축적되어 형성된다.

는 사회적 학습을 계속해야 한다. 남으로부터 계속 배우지 않으면 그동안 쌓아 온 공든 탑은 무너져 내릴 수 있다. 남으로부터 배우기를 포기하는 순간 우리는 인간이기를 포기한 것이나 마찬가지다. 호모 사피엔스가 침팬지와 다른 길을 걸었던 것은 바로 남으로부터 지식과 지혜를 끊임없이 전수받았기 때문이다.

알파고와 이세돌의 바둑 대국이 알파고의 압승으로 끝난 후, 우리는 지금 인공지능의 역할과 지위를 화두 삼아 무한 토론 중이다. 여기에 한 가지 질문을 더 던져 보자. 기계의 사회적 학습 능력은 인간의 그것과 어떻게 다른가? 기계가 계속해서 인간보다 훨씬 더 정교하고 광범위하게 사회적 학습을 해 나가면 기계도 인간과 유사한, 아니면 인간을 능가할 만큼 진화하게 될 것인가? 이미 인간은 유튜브 YouTube, 테드TED, 코세라Coursera처럼 사회적 학습 능력을 활용한(또는 갈취한) 소셜 미디어에 '중독'되어 가고 있다. 만일 그런 수준을 넘어 기술 자체가 전 세계의 빅데이터를 가지고 사회적 학습을 본격화한다면, 문명을 가능하게 한 인간의 모방 능력은 그 위상이 한없이 초라해질 것이다. 여기서 한 걸음 더 나아가면 과학 소설이 된다.

2부

초사회적 본능

아기의 편 가르기

다른 포유동물과 비교했을 때 인간에게만 있는 독특한 점은 무엇일까? 한 가지는 분명하다. 갓난아기가 너무 무기력하다는 점이다. 어렸을 때 TV 〈동물의 왕국〉에서 갓 태어난 사슴이 살짝 비틀거리다가 바로 뛰어다니는 모습을 보고 무척 놀랐다. 영장류와 비교해 봐도 인간 아기의 미숙함은 호모 사피엔스의 명백한 특성이라는 것을 알 수 있다. 2001년 일본 교토 대학교의 영장류연구소에 갔을 때, 나를 반겨 준 침팬지 새끼는 신체 발달 면에서 인간 아기보다 훨씬 더 성숙했다. 돌이 갓 지난 인간 아기를 상상해 보라. 인간 아기가 할 수 있는 일이란 고작해야 고개를 가누고 아장아장 걷는 것뿐이다. 그 나이의 침팬지 새끼는, 조금 과장을 보태, 나무 사이를 날아다닌다. 인간은 다른 영장류와 달리 가장 미숙한 상태로 태어나 가장 오랫동안 보살핌을 받아야 어른이 되는 방식으로 진화했다.

미숙한 존재가 생존하려면 가장 필요한 게 무엇일까? 먹을 것과 입을 것? 보금자리? 아니다. 그런 것들이 마련된들 무슨 소용이 있으랴. 말 그대로 우는 것 외에는 아무것도 할 수 없는 상태인데 말이다. 아기에게 가장 필요한 것은 생필품이 아니라 자신을 돌봐 줄 '사람'이다. 따라서 아기에게 사회적 욕망, 즉 사회적 연결을 갈망하는 욕구는 식욕보다 더 근본적 욕망이라 할 수 있다.

아기도 선악을 판단한다

사회적으로 연결되고 싶어 하는 욕구가 아기의 정신세계에 정말 존재할까? 사회생활을 잘하려면 구성원들의 행동 특성을 파악하고, 그것을 바탕으로 호불호好不好를 잘 결정해야 한다. 악당을 좋아하면 인생이 피곤해진다. 누가 착한지도 잘 가려내야 한다. 아기에게도 이런 식의 사회적 평가 능력이 있을까? 아직 말을 못하는 유아를 대상으로 흥미로운 실험을 해 보았다.[1]

동영상에 빨간 동그라미(이하 동그리), 노란 세모(이하 세모), 파란 네모(이하 네모) 캐릭터가 등장한다. 캐릭터마다 두 눈을 달아서 마치 살아 있는 생명체처럼 보이도록 만들었다. 먼저, 피험자인 유아들(생후 6개월, 생후 10개월)에게 동그리가 경사진 곳을 오르려고 하지만 실패하고 굴러 떨어지는 모습을 두 차례 보여 주었다.

〈실험1〉에서는 세모(조력자)가 동그리를 밑에서 받쳐 주고 올려 줘서 결국 올라가는 데 성공하는 장면(왼쪽 그림)과 네모(방해자)가 올라오려는 동그리를 위에서 밀어 굴러 떨어뜨리는 장면(오른쪽 그림)을 차례로 보여 준 다음 유아들에게 좋아하는 캐릭터 하나를 선택하게 했다. 대부분 세모를 골랐다. 아기도 누가 악당인지 알고 있다는 말인가?

〈실험2〉에서는 동그리가 세모(조력자)에게 다가가는 장면(왼쪽 그

6-1 〈실험1〉 세모가 언덕을 오르려는 동그리를 도와주는 장면(왼쪽)과 네모가 동그리를 방해하는 장면(오른쪽).

6-2 〈실험2〉 동그리가 세모에게 다가가는 장면(왼쪽)과 동그리가 네모에게 다가가는 장면(오른쪽).

림)과 네모(방해자)에게 다가가는 장면(오른쪽 그림)을 보여 주고, 유아들이 어떤 장면을 더 오래 쳐다보는지 측정했다. 생후 10개월 유아는 네모에게 다가가는 장면을 더 오래 쳐다보았다. 연구자들은 유아들이 이 장면을 더 놀랍다고 느꼈기 때문이라고 해석했다. 뭔가 이상하다고 느꼈다는 것이다.

만일 동그리의 두 눈을 없애면 어떨까? 무생물을 돕거나 방해하는 장면을 보여 주고, 피험자의 선호도에 차이가 있는지 알아보았다. 〈실험3〉에서는 세모가 눈 없는 동그리를 언덕 위로 밀어 올리는 장면(왼쪽 그림)과 네모가 눈 없는 동그리를 언덕 아래로 밀어 떨어뜨리는 장면(오른쪽 그림)을 유아들에게 보여 주었다. 결과는 〈실험1〉과 달리,

6-3 〈실험3〉 세모가 눈 없는 동그리를 언덕 위로 밀어 올리는 장면(왼쪽)과 네모가 눈 없는 동그리를 언덕 아래로 밀어 떨어뜨리는 장면(오른쪽).

6-4 〈실험4〉 동그리가 2초 동안 바닥에서 춤을 추고 정지한 후, 세모가 나타나 바닥에서부터 동그리를 지나쳐 언덕으로 올라가는 장면(조력자/중립자 조건, 왼쪽)과 네모가 꼭대기에서부터 내려와 동그리를 지나쳐 가는 장면(방해자/중립자 조건, 오른쪽).

세모(조력자)를 선호하는 경향이 강하게 나타나지 않았다. 이는 〈실험 1〉에서 나타난 선호가 지각적 선호perceptual preference, 즉 시각적으로 더 좋거나 멋져 보여서 택하는 행동이 아니라 사회적 평가에 따른 행동이라는 것을 드러내 준다.

　그렇다면 유아들은 착하지도 나쁘지도 않은 중립적인 행동을 어떻게 평가할까? 〈실험4〉에서 연구자들은 동그리가 2초 동안 바닥에서 춤을 추다가 멈추고, 이때 세모가 나타나 동그리를 지나쳐 언덕으로 올라가는 장면(조력자/중립자 조건, 왼쪽 그림)과 네모가 꼭대기에서부터 내려와 동그리를 지나쳐 가는 장면(방해자/중립자 조건, 오른쪽 그림)을 만들었다. 유아들을 월령별로 절반씩 나눈 다음, 한쪽은 〈실험 1〉의 조력 장면과 〈실험4〉의 중립 장면(왼쪽 그림)을 차례로 보여 주고, 다른 쪽은 〈실험1〉의 방해 장면과 〈실험4〉의 중립 장면(오른쪽 그림)을 차례로 보여 주었다. 그 결과 조력자와 중립자를 모두 본 첫 번째 그룹은 대체로 조력자를 선호한 반면, 방해자와 중립자를 본 두 번째 그룹은 주로 중립자를 선호했다. 즉, 유아들은 중립적 캐릭터보다 남을 돕는 캐릭터를 더 선호하고, 남을 방해하는 캐릭터보다 중립적인 캐릭터를 더 선호했다. 조력자에게 이끌리고 방해자를 회피하려는 경향이 있다는 뜻이다.

태어난 지 몇 개월밖에 되지 않은 유아들이 이런 행동 패턴을 보인다는 것은 무슨 의미일까? 유아도 타 개체의 사회성을 평가한다는 점을 알 수 있다. 유아는 어떤 사람 또는 어떤 대상이 제3자를 어떻게 대하는지 면밀히 살펴보고 그 사람 또는 대상을 좋아할지 싫어할지 결정한다. 이런 사회적 평가 능력은 타인의 도움과 보살핌이 절실한 아기에게 꼭 필요한 자질이다. 따라서 이 능력이 자연 선택 과정을 거치며 진화해 왔을 가능성이 꽤 크다고 할 수 있다.

유아의 사회적 평가 능력을 알아보는 연구는 다양한 실험을 실시하면서 보강되었다. 그중 하나는 상자에서 딸랑이를 꺼내는 것을 도와주는 인형과 방해하는 인형 가운데 유아들(생후 5개월, 생후 9개월)은 어떤 인형을 선호하는지 알아보는 실험이다.[2] 이 실험에서는 딸랑이가 들어 있는 투명한 플라스틱 상자를 강아지 인형이 열려고 하는 상황에서, 회색 고양이 인형의 도움으로 상자 뚜껑을 열어 딸랑이를 가질 수 있게 해 주었다. 한편, 오렌지색 고양이 인형은 뚜껑을 닫아 강아지 인형이 딸랑이를 가질 수 없게 했다. 이때 두 월령대의 유아들은 회색 고양이 인형을 더 좋아했다. 이런 선호 현상이 사회적 측면에 기초한다는 것을 확인하기 위해 강아지 인형 대신 플라스틱 집게를 가지고 동일한 실험을 실시했다. 흥미롭게도 이 경우에는 조력자를 선호하는 결과가 나오지 않았다. 즉, 유아들도 제3자에게 반사회적 행동을 하는 존재보다 친사회적 행동을 하는 존재를 더 좋아한다.

구별 짓기와 편 가르기

비교 평가는 대개 구별 짓기로 이어진다. 순진무구한 유아도 예외는 아니다. 아니, 성인의 구별 짓기가 어릴 때부터 시작된다고 보는 게 더 정확할 것이다. 제3자를 대하는 태도를 보고 '착한 사람과 나쁜 사람'을 구분하는 행동은 유아에게 매우 자연스러운 현상이지만, 그것이 '내 편과 남의 편'을 가르는 편견으로 이어질 가능성도 있다.

물론 '우리'와 '남들'을 구별하고 '우리'를 더 선호하는 경향은 인간의 보편적 특성이다. 인간은 세상을 우리 대 남들, 우리 학교 대 너희 학교, 우리 지역 대 너희 지역, 우리나라 대 남의 나라, 우리 인종 대 너희 인종 등으로 쉽게 나눈다.

자신이 속한 집단이 상대 집단보다 더 우월하고 보상도 더 많이 받아야 한다고 생각하는 것을 사회심리학에서는 '내집단 선호성ingroup favoritism'이라 부른다. 팔이 안으로 굽듯이 인간에게 이런 성향이 없다고 말할 수는 없다. 성녀 테레사 수녀가 인종, 종교, 이념을 초월한 박애주의를 실천하며 살았다 해도 그녀가 인류의 범위를 벗어난 대상, 예컨대 동물이나 기계 등에도 내집단 선호성을 보이지 않았다고 말할 수 있을까?

여기서 아주 흥미로운 대목이 있다. 사소하고 하찮은 기준에 따라 집단으로 나눈 다음, '임의로' 각 집단에 귀속시키더라도 사람들은 내집단 선호성을 분명하게 나타낸다는 점이다. 예컨대, 동전을 던져 앞면과 뒷면에 따라 피험자들을 나눈 경우에도 내집단에 대한 편애가 생겨나는지 실험했다. 그 결과 같은 집단의 구성원끼리는 친구나 친척을 대하듯 다정하게 행동했고, 자기와 같은 집단으로 분류된 구성원들을 더 좋아했으며, 성격과 업무 능력도 더 좋다고 평가했다. 그저 동전 던지기로 자기 집단에 속한 사람일 뿐인데도 그들에게 더 많은 보상을 줘야 한다고 믿었다.[3] 동전의 앞뒷면에 따라 집단을 나누는 것은 너무 임의적인 기준이 아닐까? 그런 임의적 분류만으로도 내집단 선호성이 나타난다는 사실이 놀라울 따름이다. 누군가와 친하게 지내고 싶다면 아무 거라도 좋으니 그 사람과 같은 집단에 속해 있다고 느낄 만한 공통 요소를 발굴해 보시라. "어머, 저도 저희 집에서 둘째예요.", "정말요? 저도 아침에 그 버스를 타고 왔어요."

내집단 선호성의 발달적 기원

내집단 선호성이 유아에게도 나타나는지 알아보는 실험을 실시했다. 우선, 그릇 두 개에 각각 같은 양의 크래커와 생두green bean를 담아

놓고 유아들(평균 연령 생후 11.5개월)이 두 음식 가운데 어디에 먼저 손을 대는지 관찰했다.[4] 그다음에는 생두 대신 치리오스(작은 도넛 모양의 시리얼)가 담긴 그릇을 놓고 크래커와 치리오스 중 어디에 손이 먼저 가는지 관찰했다. 그리고 나서 옷 색깔만 다른(오렌지색/노란색) 인형 중 하나가 유아 앞에 등장하여 한쪽 음식을 먹는 척하며 "아, 맛있다. 이거 좋아!" 하고, 다른 쪽 음식은 "웩, 맛없어. 이거 싫어!" 한다. 이후에 다른 색깔의 인형이 등장하여 앞의 인형과 반대되는 행동을 한다. 유아들은 두 인형 중에 어느 쪽을 선택할까? 자신이 선호했던 음식을 고른 인형을 더 선호할까? 결과는 예상대로였다. '크래커/생두'처럼 아주 다른 음식 조건에서는 16명 중 14명이, '크래커/치리오스'처럼 비슷한 음식 조건에서는 16명 중 13명이 자기와 동일한 결정을 내린 인형을 골랐다.

이번에는 실험 순서를 바꿔서 진행했다. 먼저 인형이 음식을 평가하고, 유아가 인형을 고르게 한 다음에, 음식을 고르게 했다. 이렇게 순서를 바꾸면, 이전 실험에 비해서 인형을 고르는 상황이 다소 밋밋해진다. 아니나 다를까, 이번에는 16명 중 7명만이 자기와 동일한 결정을 내린 인형을 골랐다.

이런 실험들의 결과를 요약하면, 유아도 성인처럼 자기와 유사한 성향을 지닌 대상을 더 좋아한다는 결론이 나온다.

그렇다면 동전 던지기처럼 집단을 임의로 나눠도 유아에게 내집단 선호 현상이 일어날까? 유아에게 오렌지색 또는 노란색 엄지장갑 중 하나를 고르게 한 후, 그 엄지장갑을 손에 끼워 주었다. 그런 다음 인형이 두 엄지장갑에 호불호를 표현하는 것을 보여 주고, 호불호에 따

6-5 크래커와 생두 선택 실험에 사용된 인형(왼쪽)과 엄지장갑 실험에 사용된 인형(오른쪽). 유아들은 크래커와 생두 선택 실험에서 자기와 동일한 결정을 내린 인형을 선호했다. 하지만 엄지장갑 실험에서 인형과 같은 색 장갑을 끼도록 유도해 임의대로 인형과 공통점을 만들어 주었을 때는 인형의 선호도에 별다른 차이가 없었다.

라 엄지장갑을 인형에 끼워 줬다. 예상대로 이 조건에서 유아는 자기가 선택한 장갑과 동일한 장갑을 낀 인형을 선호했다.

다음 실험에서는 조건을 살짝 바꿨다. 유아에게 장갑 선택의 기회를 주지 않은 상태에서, 실험자가 "나는 너에게 오렌지색(또는 노란색) 엄지장갑을 끼워 줄 거야."라고 하며 '임의로' 유아의 손에 오렌지색(또는 노란색) 엄지장갑을 끼워 줬다. 그리고 인형에게도 "나는 너에게 오렌지색(또는 노란색) 엄지장갑을 끼워 줄 거야."라고 말하며 '임의로' 인형에게 오렌지색(또는 노란색) 엄지장갑을 끼워 줬다. 자, 이 광경을 지켜본 유아는 어떤 인형을 더 선호할까? 앞선 실험 결과와 달리 두 인형 선호도에 별다른 차이가 발생하지 않았다.

이 결과는 무엇을 의미하는가? 유아도 자기와 유사한 특성을 가진 대상을 좋아하지만, 그 유사성이 너무 임의적인 것이라면 반드시 그렇지는 않다는 뜻이다. 성인은 동전 던지기 같은 임의적인 기준으로

편을 갈라도 내집단 선호성이 생기는 반면, 유아는 꼭 그렇지는 않다
는 뜻이다. 자기의 선호가 반영되지 않은 채 범주화된 집단에 대해서
는 자기 정체성을 두지 않는다고 할 수 있다.

앞의 두 실험을 종합해서 구별 짓기와 편 가르기의 발달적 기원을
다음과 같이 정리할 수 있다. 유아는 성인과 마찬가지로 본인과의 사
소한 유사성에 기초해서 사회적 선호를 이끌어 낸다. 하지만 성인과
달리 유아는 완전히 임의대로 유사성이 부여된 경우에는 그 대상의
선호에 영향을 주지 않는다. 이것은 놀라운 차이다. 이쯤에서 성인의
내집단 선호성이 왜 그렇게 강한지 살펴보자.

외부자에 대한 편견은 사회적 본능인가

'우리와 남들'을 구분하고, 내집단에 속한 구성원을 더 좋아하는 성향
은 진화의 측면에서 매우 유용하다는 사실에 주목할 필요가 있다. 물
론 집단주의가 옳다는 뜻은 아니다. 어떤 성향이 진화했다는 것과 그
런 성향이 바람직하다는 것은 별개의 문제다. 초기 진화 단계부터 무
리를 지어 살아온 인류에게 내부자와 외부자의 구분은 매우 원초적
이었다. 내부자는 서로에게 도움이 되는 협력 파트너지만 외부자는
대개 경쟁자이거나 침략자였을 개연성이 높았기 때문이다. 내부자와
외부자를 동등하게 대했던 조상은 살아남지 못했고 내부자를 편애했
던 조상은 살아남았다.

앞에서 실시한 실험은 옹알이밖에 못 하는 유아에게도 내부자와

외부자의 구분과 차별이 나타난다는 데 의의가 있다. 구별 짓기는 진화뿐만 아니라 발달의 측면에서도 뿌리가 매우 깊다는 사실을 보여준다. 하지만 유아는 임의 집단에 대한 편애까지 나타나지는 않았다. 성인이 되면서 왜 임의 집단에 대한 편애가 나타난 것일까? 한 가지 가설을 세워 보자. 어른이 되어 가는 과정에 다양한 집단을 경험하면서 집단주의적 사고가 임의 집단으로까지 확장되었을 가능성이 있다. 동전 던지기로 편을 갈랐을 뿐인데도 내집단 선호성이 생기는 것은 사회 곳곳에서 편 가르기가 광범위하게 일어난다는 방증이기도 하다. 이런 의미에서 편 가르기는 사회적 본능이라고 할 수 있다.

다양성을 중요시하는 글로벌 시대에 이런 본능은 골칫거리다. 편견의 스위치가 켜지는 순간 사회는 걷잡을 수 없이 분열된다. 하지만 편견이 본능에 뿌리를 내리고 있다고 해서 그런 행동을 막을 수 없는 것은 아니다. 앞에서 이야기했듯이, 인간은 다른 사람의 입장에서 생각하고 공감하는 사회적 본능도 진화해 왔다. 따라서 역지사지 본능은 북돋우고 편견 본능은 교육을 통해 억제할 필요가 있다. 그래야 다양한 구성원과 평화롭게 공존하는 전 지구적 공동체를 만들어 갈 수 있을 것이다.

'욕구 피라미드' 다시 그리기

에이브러햄 매슬로Abraham H. Maslow는 인간의 욕구에 위계가 존재한다는 사실을 설명하려고 했다.[5] 이른바 매슬로의 '욕구 피라미드'

맨 밑에는 가장 기본적인 생리적 욕구, 그 위로 안전의 욕구, 애정과 소속감 등의 사회적 욕구, 존경의 욕구가 순서대로 놓이고, 맨 위에 자아실현의 욕구가 있다. 매슬로에 따르면, 인간은 밑바닥의 욕구, 즉 음식, 물, 수면 등의 생리적 욕구와 보금자리, 신체적 건강 같은 안전 욕구가 충족되면 다음 단계의 욕구로 넘어간다. 여기서 사랑, 소속감, 타인의 존경을 받고 싶은 욕구 등은 꼭 필요하다기보다 있으면 더 좋은 욕구이며 자아실현 욕구는 화룡점정 같은 것이다. 상당히 그럴듯한 설명이다.

하지만 아장아장 걷고 옹알이만 겨우 하는 유아의 사회적 본능을 살펴본 몇몇 실험에 비추어 보건대, 우리는 매슬로의 피라미드를 다시 생각해 봐야 한다. 무기력한 아기에게 가장 중요한 생존 전략은 자신의 욕구를 충족시켜 줄 존재를 찾는 것이다. 스스로 살아갈 처지가 안 되는 마당에 물, 음식, 집인들 무슨 소용이 있겠는가? 사회적 연결망이 없으면 아기는 생존 자체가 불가능하다. 따라서 아기에게 가장 기본적인 욕구는 사회적 욕구여야 한다.

아기만이 아니다. 청소년과 어른이 어디서, 어떻게 자원을 얻는지 살펴보라. 청소년이 부모보다 또래 친구에게 영향을 더 많이 받는 것은 친구들이 미래의 자원이기 때문이다. 어른에게 직장 동료나 이웃 주민이 중요한 이유는 그들이 현재의 자원이기 때문이다. 이런 맥락에서 사회적 욕구는 생리적 욕구와 안전의 욕구보다 높은 상위 욕구가 아니라, 생리적 욕구나 안전의 욕구를 사회적 방식으로 충족시켜 주기 위한 더 근본적 욕구라 해야 할 것이다.

우리는 생존과 번식에 필요한 다양한 자원을 사회적 자산, 즉 부모,

6-6 매슬로의 5단계 욕구 피라미드

친지, 친구, 동료 등과의 관계를 통해 획득하는 전략을 취해 왔다. 사회적 욕구란 바로 이 자산을 얻으려는 욕구다. 그렇다면 이제 매슬로의 욕구 피라미드를 다시 그려야 하지 않을까?

07 신뢰

두 얼굴의 옥시토신

결혼식이 진행되는 동안 신랑과 신부, 그리고 그들 가족의 호르몬에는 어떤 일들이 일어날까? 정확히 알려면 결혼식 현장에서 그들의 피를 뽑아 보는 수밖에 없다. 하지만 아무리 궁금하다 한들 웨딩드레스 입은 신부에게 팔뚝을 내밀어 달라고 요구하는 무례한 연구자는 없을 것이다.

애착과 결속력을 높이는 호르몬

신경경제학자 폴 잭Paul J. Zak 교수는 무례한 연구자다. 그와 동료들은 혈액 채취 도구를 가지고 결혼식이 열리는 영국의 어느 시골 교회를 찾았다. 거기서 그들은 그날의 신랑과 신부, 그리고 가족과 친지의 혈액을 채취했다. 게다가 그들은 그런 '만행'을 혼인 서약 직전과 직후로 나누어 실시했다. 하객에게도 세상에서 최고로 번거로운 결혼식이었으리라! 마침내 그들은 총 52개의 혈액 샘플을 얻었고 실험실로 돌아와 분석했다.

친지의 팔뚝까지 동원된 이 연구는 영국의 과학 매거진《뉴 사이언

티스트*New Scientist*》의 기자인 신부 린다 게디스가 자청했기에 가능했다. '사랑 호르몬'으로 알려진 옥시토신oxytocin에 관심이 많았던 그녀는 자신의 결혼식을 실험의 장으로 기꺼이 제공했다. 그녀의 호기심과 하객의 배려 덕분에 연구팀은 결혼식이 참석자의 옥시토신 수치에 어떤 변화를 주었는지 알 수 있었다.

왜 하필 옥시토신일까? 옥시토신은 아홉 개의 아미노산으로 구성된 펩티드 호르몬이다. 여성이 출산할 때 뇌하수체 후엽에서 다량 분비되어 자궁을 수축하는 기능을 한다고 잘 알려져 있다. 합성 옥시토신을 분만 유도제로 쓰는 것도 이 때문이다. 또한 옥시토신은 모유 수유 중 유두가 자극 받을 때 젖의 분비를 돕는다. 이것은 엄마와 자식 간의 결속을 촉진한다. 임신 초기 3개월 동안 옥시토신 수치가 높을수록 출산 후에 아기에게 노래를 불러 주거나 목욕을 시켜 주는 결속 행위가 더 늘어난다.[1] 모성은 옥시토신 호르몬과 밀접한 관계가 있다. 예를 들어, 짝짓기 경험이 전혀 없는 암컷 쥐는 새끼를 보면 피하지만 새끼를 낳아 본 암컷은 자기 자식이 아닌 새끼에게도 살갑게 대한다. 인간 역시 비슷한 현상이 일어난다.

옥시토신은 남성의 경우에도 관계 결속력을 높여 준다. 옥시토신 스프레이를 코에 주입한 아빠는 그렇지 않은 아빠에 비해 자기 자식과 더 친밀하게 놀아 줬다. 옥시토신을 주입한 아빠와 함께 노는 아이는 그렇지 않은 아이보다 사회적 행동이 더 많이 나타났고, 침 속에 있는 옥시토신 수치도 더 높았다. 즉, 두 사람 중에 한쪽의 옥시토신 수치만 올라가도 다른 쪽의 사회성이 영향을 받는 것으로 나타났다.[2] 어렸을 때 아빠랑 많이 놀았던 아이일수록 사회성이 발달한다는 이야기다.

옥시토신은 매력을 유발하는 요인과 그로 인한 일부일처 '짝 결속'에도 깊은 영향을 주는 호르몬이다. 옥시토신을 코에 뿌린 사람들 중에서 이미 일부일처 관계를 맺고 있는 남성은 미혼남에 비해 매력적인 여성을 대할 때 거리를 더 두었다. 즉, 옥시토신은 이미 성립된 이성 간의 짝 결속을 더욱 촉진시키는 기능을 한다.[3]

이런 관점으로 보면, 짝 결속과 애착을 강화시키는 옥시토신이 결혼식에서 가장 왕성하게 분비되는 호르몬이라는 사실은 전혀 놀랍지 않다. 린다의 결혼식에서 혼인 서약을 전후로 옥시토신 수치의 변화가 가장 컸던 사람은 신부였다. 그녀의 옥시토신 수치는 28퍼센트가량 급격히 증가했다. 그다음은 예상대로 신부의 어머니(24퍼센트)였다. 신랑의 호르몬 증가량은 신랑 아버지보다 더 적었다. 이 점은 욕망이나 위계와 관련된 호르몬 테스토스테론testosterone의 수치가 신랑에게서 90퍼센트가량 급증했다는 사실로 미루어 간접적으로 설명이 가능하다.[4] 옥시토신과 테스토스테론은 길항拮抗 관계다. 신랑에게 결혼식이란, 신부와의 애착을 드러내는 자리이기 이전에 자신의 권능을 과시하는 자리인 셈이다.

옥시토신은 신뢰를 증진시킨다

이렇게 부모 자식 간의 결속, 연인 사이의 결속을 강화시키는 것이 옥시토신의 주요 기능이라면, 더 큰 규모의 사회적 결속은 어떤 호르몬이 주된 역할을 할까? 옥시토신은 여기서도 작용한다. 폴 잭을 포

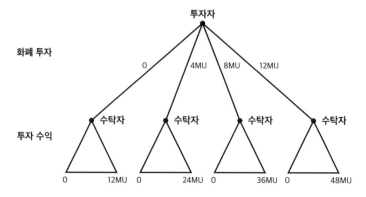

투자자

화폐 투자

0   4MU   8MU   12MU

수탁자   수탁자   수탁자   수탁자

투자 수익

0   12MU   0   24MU   0   36MU   0   48MU

7-1 신뢰 게임. 수탁자는 투자자에게 받은 금액의 세 배를 실험자로부터 받는다. 수탁자는 소유한 화폐단위 중 일부 또는 전부를 투자자에게 돌려줄 수도 있고 본인이 다 가질 수도 있다. 신뢰 게임에서는 투자자와 수탁자 사이의 신뢰가 중요하다.

함한 몇몇 연구자는 옥시토신이 사람들 사이의 신뢰를 증진시키는지 알아보려고 게임을 준비했다. 콧구멍 안에 옥시토신을 뿌린 그룹(실험군)과 플라세보placebo를 뿌린 그룹(대조군)이 이른바 '신뢰 게임trust game'에서 어떤 차이를 보이는지 비교했다. 피험자들은 파트너를 바꿔 가며 총 4회의 신뢰 게임을 수행했다.[5]

'신뢰 게임'은 다음과 같이 진행된다. 피험자들은 각각 12화폐단위monetary units, MU(나중에 현금으로 교환할 수 있음)를 받는다. 이들 중 투자자 역할을 하는 사람은 가지고 있는 화폐단위 중 일부(0, 4, 8 또는 12MU)를 한 번도 만난 적 없는 다른 피험자, 즉 수탁자에게 제공할 수 있다. 이 경우 수탁자는 투자자가 제공하기로 한 화폐단위의 세 배를 실험자로부터 받게 된다. 수탁자는 애초부터 가지고 있던 화폐단위와 실험자로부터 받은 화폐단위를 합친 총액 중 일부 또는 전부를 투자자에게 돌려줄 수도 있고 본인이 다 가질 수도 있다. 예를

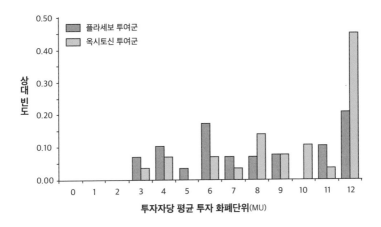

7-2 신뢰 게임에서 옥시토신 투여군과 플라세보 투여군의 신뢰도 비교 그래프. 옥시토신 투여군에서 큰 화폐단위를 투자하는 빈도가 높았다. 옥시토신이 사람들 사이의 신뢰를 강화하는 데 영향을 미친다는 것을 보여 준다.

들어, 투자자가 12MU를 수탁자에게 줬다면 수탁자는 총 48MU를 가지게 되고, 48MU를 포함한 소유 총액 범위에서 일부를 다시 투자자에게 돌려줄 수 있다.

만약 투자자가 수탁자를 신뢰해서 수탁자로부터 다시 화폐단위를 돌려받을 거라고 기대한다면 큰돈을 투자하겠지만, 신뢰하지 않으면 투자하지 않을 것이다. 투자자는 돈을 많이 투자할수록 많이 돌려받을 가능성이 크지만, 수탁자가 신뢰를 저버리면 그만큼 돈을 많이 잃을 수도 있는 딜레마에 처하게 된다.

결과는 어땠을까? 옥시토신을 뿌린 투자자 그룹이 플라세보 그룹보다 수탁자에 대한 신뢰가 더 컸다. 옥시토신 그룹 중 45퍼센트가 12MU 전부를 투자한 반면, 플라세보 그룹은 21퍼센트만 그렇게 했다. 또한 옥시토신 그룹에서 8MU보다 적은 금액을 투자하는 비율은

21퍼센트였지만 대조군은 45퍼센트였다.

　이 실험은 타인의 행동에 대한 신뢰에 옥시토신이 어떤 영향을 끼치는지 확인하기 위한 것이었다. 그러나 신뢰 요인 외에도 위험을 회피하려는 거부감도 크게 작용했다. 따라서 옥시토신이 위험 회피에 영향을 주는지 알아보는 실험이 추가되었다. 이 '리스크 실험risk experiment'은 애초의 실험과 모든 면에서 동일했다. 단, 투자자가 화폐 단위를 수탁자에게 투자하는 것이 아니라, 프로젝트에 투자하는 것만 달랐다. 결과는 옥시토신 그룹과 플라세보 그룹의 차이가 없다고 나왔다. 여기서 우리는 옥시토신이 '사람들 사이의 신뢰'를 증진시킨다는 사실을 알 수 있다.

옥시토신은 편견과 갈등을 유발한다

앞의 실험만 보면 옥시토신은 단연코 신뢰 호르몬이다. 그렇다면 이런 신뢰 효과는 어디까지 영향을 끼칠 수 있을까? 평소에 불신하는 정치인까지 신뢰하게 될 만큼 옥시토신의 투여 효과는 강력할까? 옥시토신이 그 정도로 강력하다면, 옥시토신 스프레이는 선거철마다 없어서 못 팔 것이다.

　다행히 그런 일은 일어나지 않을 것 같다. 최근에 옥시토신이 내집단 선호성을 증가시키지만, 외집단에 대한 폄훼 또한 증가시킨다는 증거들이 쌓이고 있다. 옥시토신이 정말 내집단 편애와 외집단 폄훼를 촉진하는지 알아보기 위해 '암시적 연관 검사implicit association test,

IAT'를 실시했다. IAT는 인종, 나이, 성별, 국가 등에 대한 편견을 확인할 수 있는 검사로 컴퓨터 모니터를 보며 진행된다.[6] 웹사이트에서 누구나 해 볼 수 있다.

나이에 대한 편견을 알아보는 IAT를 해 보자. 젊은 사람 또는 늙은 사람의 사진을 제시한 후 젊은 사람 사진이 나타나면 '젊음'에 해당하는 키(예를 들어, 키보드의 'ㄷ(e)')를, 늙은 사람 사진이 나타나면 '늙음'에 해당하는 키(예를 들어, 키보드의 'ㅑ(i)')를 누르는 테스트를 수차례 진행한다. 모든 테스트에는 정답이 있으며 어렵지 않게 정답을 찾을 수 있다. 피험자는 최대한 빨리, 그러나 정확히 키를 눌러야 한다.

다음에는 '좋음'의 범주에 속하는 단어들, 예를 들어 기쁨, 사랑, 평화, 훌륭함 등의 단어가 화면에 나오면 '좋음'에 해당하는 키를, '나쁨'의 범주에 속하는 단어들, 예를 들어 고뇌, 무서움, 끔찍함, 추잡함, 사악함 등의 단어가 화면에 나오면, '나쁨'에 해당하는 키를 누른다.

수차례 테스트를 진행한 후, 다음에는 '젊음' 또는 '좋음'에 해당하는 사진이나 단어가 나오면 '젊음/좋음'에 해당하는 키를, '늙음' 또는 '나쁨'에 해당하는 사진이나 단어가 나오면 '늙음/나쁨'에 해당하는 키를 누른다. '젊음'과 '나쁨', '늙음'과 '좋음'이 같은 쪽에 위치한 경우도 마찬가지 방법으로 테스트를 진행한다. '젊음/나쁨'과 '늙음/좋음'이 동일한 키를 사용했을 때 키를 누를 때까지 걸리는 시간이 '젊음/좋음'과 '늙음/나쁨'이 동일한 키를 사용했을 때보다 더 오래 걸렸다면 늙은 사람에 비해 젊은 사람에게 자동적 선호가 있는 것으로 판단한다.

네덜란드 연구팀은 '좋음/내집단 이름(네덜란드)', 그리고 '나쁨/외

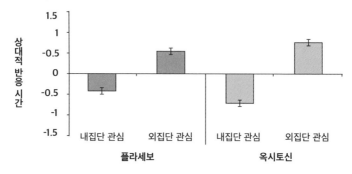

A. 외집단이 아랍인 경우

B. 외집단이 독일인 경우

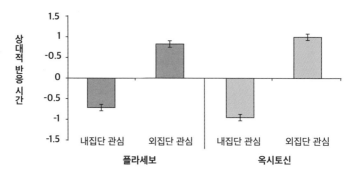

7-3 네덜란드 연구팀은 인종, 나이, 성별, 국가 등에 대한 편견을 확인할 수 있는 암시적 연관 검사 방법을 사용해, 플라세보 투여군과 옥시토신 투여군의 내집단과 외집단에 대한 내재적 선호도를 평가했다. 그래프에서 음수 값은 클수록 반응이 짧다는 것을, 양수 값은 클수록 반응이 길다는 것을 의미한다. 플라세보 투여군과 비교할 때 옥시토신 투여군이 내집단 편애와 외집단 폄훼가 강하게 나타났다.

집단 이름(아랍 또는 독일)'이 각각 동일한 키를 사용했을 때와 '좋음/외집단 이름', 그리고 '나쁨/내집단 이름'이 각각 동일한 키를 사용했을 때의 반응 시간을 비교함으로써 내집단과 외집단에 대한 내재적 선호도를 평가했다.[7] '좋음'이 '내집단 이름'과 동일한 키를 사용한 경우의 반응 시간에서 '좋음'이 '외집단 이름'과 동일한 키를 사용한 경우의 반응 시간을 뺀 값을 점수화했다. 따라서 점수가 음수로 나오면 '좋음'이 '내집단 이름'과 동일한 키를 사용한 경우의 반응 시간이 빠르다는 것이므로 외집단에 비해 내집단에 자동적 선호가 있음을 의미한다. 이와 동일한 방법으로 외집단에 대한 부정적 성향을 알아보는 테스트도 실시했다. 이 테스트에서 점수가 양수로 나온다는 것은 외집단에 대한 편훼가 있음을 의미한다.

이제 본 실험에서 옥시토신을 투여한 그룹과 플라세보를 투여한 그룹이 나누어 IAT를 실시했다. 그 결과, 플라세보 그룹에 비해 옥시토신 그룹의 내집단 편애 테스트에서 음수 값이 더 나왔고, 외집단 편훼 테스트에서 양수 값이 더 나왔다. 즉, 플라세보 그룹과 비교할 때 옥시토신 그룹이 내집단 편애와 외집단 편훼가 강했다.

옥시토신은 내집단 편애를 유발하고, 그보다는 영향이 덜하지만 외집단 편훼도 유발함으로써 집단 사이에서 편견을 만들어 낸다. 이는 그동안 대상이 누구든 상관없이 옥시토신을 최음제 또는 포옹 물질이라 여겼던 견해에 의문을 제기하는 결과다. 이 연구에 따르면, 옥시토신은 집단 사이의 갈등이나 충돌의 발생에 모종의 역할을 하는 것으로 보인다.

양심의 목소리에 둔감해지는 호르몬?

우리는 소속 집단을 위해 도덕적으로 문제가 될 만한 일을 감행하기도 한다. 그렇다면 신뢰를 증진시키고 내집단 선호를 증가시키는 옥시토신은 부정을 저지르는 데도 영향을 줄까?

연구자들은 건강한 남성 피험자 60명을 무작위로 3명씩 한 그룹으로 배정한 후, 동일한 과제를 수행하게 하고 그것을 통해 번 돈을 그룹 구성원들끼리 똑같이 나누어 가지도록 했다.[8] 과제는 간단했다. 컴퓨터 화면에 제시될 1유로짜리 동전이 앞면인지 뒷면인지 맞히는 것이었다. 피험자는 앞뒷면을 예측한 후 그것을 기억했다가 실제 결과를 보고 자신의 예측이 맞았는지 틀렸는지 말하면 된다. 따라서 실제로는 자신의 예측이 틀렸어도 맞았다고 거짓말을 할 여지가 있었다. 피험자가 정확한 예측을 했을 때 돈(1회당 0.3유로)을 버는 경우, 돈을 잃는 경우, 아무 이득도 손해도 없는 경우로 나누어 10회씩 총 30회에 걸쳐 과제를 실시했다.

실험 결과, 피험자들은 플라세보, 옥시토신 그룹 모두 돈을 버는 경우에는 자신이 정확한 예측을 했다는 것을 통계적인 확률 50퍼센트보다 과장해서 보고했고, 돈을 잃는 경우에는 축소해서 보고했으며, 아무런 이득이 없을 때는 약간 과장해서 보고했다. 옥시토신의 효과는 돈을 벌 때 나타났다. 돈을 벌 때는 옥시토신 그룹에서 거짓 과장 보고를 한 비율이 플라세보 그룹에 비해 크게 나타난 것이다. 반면 돈을 잃을 때와 아무 이득이 없을 때 옥시토신 투여 여부에 따른 차이는 통계적으로 의미가 없었다. 여기서 피험자들은 거짓 보고를 함으로써 집단의 이익과 함께 본인의 이익도 증진시켰다고 볼 수 있다. 그룹 구성원들이 번 돈을 합산한 후 똑같이 나누어 가졌기 때문이다.

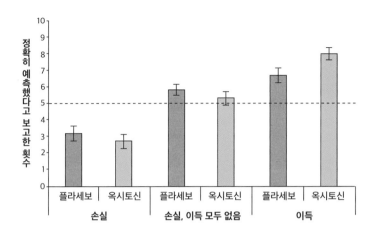

7-4 내집단의 이익이 걸려 있는 경우, 거짓 과장 보고를 한 비율이 플라세보 투여군에 비해 옥시토신 투여군에서 크게 나타났다.

이에 연구자들은 옥시토신의 효과가 집단의 이익과 자신의 이익 중 어느 쪽에 있는지 규명하기 위해 추가로 대조 실험을 실시했다. 과제는 동일했다. 다만 예측이 맞았을 때 해당 피험자 자신만 돈(1회당 0.1유로)을 버는 경우, 돈을 잃는 경우, 아무 이득도 손해도 없는 경우로 나누어 실험을 진행했다. 이 실험 결과 역시 돈을 벌 때는 과장 보고를, 돈을 잃을 때는 축소 보고를 하는 것으로 나타났다. 그러나 옥시토신 그룹과 플라세보 그룹에서 거짓말을 한 비율은 차이가 거의 없었다. 정리하자면, 거짓말을 하는 게 피험자 자신만 위해서일 때, 즉 같은 그룹에 있는 다른 동료들에게 이득이 되지 않을 때는 옥시토신의 투여 여부가 거짓말을 하는 데 영향을 끼치지 않았다.

사회적 호르몬의 명암

옥시토신이라는 화학 물질이 인간의 특정한 사회적 행동을 미묘하게 조절한다는 사실에서 얻을 수 있는 의미는 무엇일까? 인간의 사회성을 제대로 이해하려면 생물학 지식도 반드시 필요하다는 점일 것이다. 호르몬의 균형이 깨지면 건강을 해치듯이, 또 그런 의학 상식이 이제는 전혀 낯설지 않듯이, 옥시토신 수치와 사회성의 단면을 연관지어 파악하려는 시도가 이제는 그렇게 이상한 일도 아니다.

이제 우리는 옥시토신을 '신뢰 호르몬'이라고만 부르기에는 더 복잡한 요소들이 있다는 것을 알았다. 그렇기에 옥시토신의 밝은 면과 어두운 면을 함께 이야기하는 편이 더 나을 것이다. 그래야 옥시토신 스프레이가 사회성에 문제가 있는 아이들에게 만병통치약인 것처럼, 모태 솔로들에게 희망의 묘약인 것처럼, 사이가 틀어진 부자 관계를 바로잡아 주는 치료약인 것처럼 떠들어 대는 과장 광고에 현혹되지 않는다.

인간에게 만능 신뢰 호르몬이 장착되지 않았다는 사실은 진화적 관점에서 너무나 당연해 보인다. 인류 진화사의 대부분은 수렵채집기였다. 집단 간의 싸움이 빈번했던 그 시기에 신뢰할 자와 믿지 못할 자들을 나누고, 내가 속한 집단과 다른 집단을 구별하는 작업은 인간 조상들이 날마다 힘들게 수행하던 과제였다. 이런 의미에서 사회적 호르몬인 옥시토신의 명암을 살펴봐야 한다. 글로벌한 시대를 살며 피아 구분보다는 보편적 윤리를 추구해야 하는 현생 인류에게 두 얼굴의 옥시토신은 뜨거운 감자나 다름없다.

이타적 소비의 속사정

한국방송KBS의 〈명견만리〉라는 프로그램 촬영차 스포츠 의류 회사인 뉴발란스의 뉴욕 매장을 방문했을 때다. 매장 한쪽에 '메이드 인 USA' 진열대가 따로 설치되어 있었다. 대개 미국의 글로벌 스포츠화 회사들은 제작 단가를 낮추려고 인건비가 싼 제3세계 노동 인력을 활용하지만 뉴발란스는 자국 내에 공장 라인이 있어서 미국인 노동자들이 만든 신발도 팔고 있었던 것이다. 인건비가 비싼 미국인이 만든 것이니 가격이 만만치 않았다. 취재팀이 확인해 보니 똑같은 신발을 메이드 인 USA 진열대에서는 20달러 이상 비싸게 팔았다. 70달러짜리 똑같은 운동화를 두고 90달러를 지불하는 소비자가 과연 얼마나 있을까?

호모 에코노미쿠스를 위한 변명

취재하는 동안 놀라운 광경이 벌어졌다. 미국산 진열대에도 손님이 끊임없이 오갔고, 실제로 더 많은 돈을 지불하며 신발을 구입하는 사람들이 적지 않았다. 그들에게 왜 더 비싸게 물건을 구입하는지 물으니, 이런 대답이 돌아왔다. "일자리가 다시 미국으로 돌아오게 된다면 더 비싼 가격을 지불할 용의가 있어요.", "자국민에게 일자리를 제공하는 상품을 구입하는 게 기분 좋아요."

고객들의 애국심에 화답이라도 하듯, 뉴발란스는 2015년 1월에 자국 내 공장 노동자들을 인터뷰해서 1분짜리 광고 영상을 제작했다. 광고에는 미국산 신발을 구입하는 소비자들에게 "일자리를 줘서 고맙다."는 내용이 담겨 있다.[1] 스포츠 용품 및 의류를 생산하는 미국의 글로벌 기업 중에서 자국민을 가장 많이 고용한다고 알려진 이 회사의 미국 내 매출은 최근 4년 사이에 두 배가 늘었다. 이웃을 위해 더 비싼 제품을 일부러 사는, 경제적 손실을 기꺼이 감수하는 소비자가 늘어난 것이다. 대체 소비자의 어떤 심리가 작동한 결과일까?

토요타가 만든 하이브리드 자동차 프리우스Prius는 미국 자동차 시장에서 잘 팔리는 차 중 하나다. 프리우스가 이런 성공을 거둔 이유는 두 가지 설명이 가능하다. 우선, 연비가 뛰어난 에너지 고효율 제품이라 유지비가 적게 들기 때문에 소비자의 선택을 받았다. 다른 하나는 배기 가스량이 상대적으로 적은 친환경 제품이므로 환경 문제에 관심이 많은 소비자의 선택을 받았다. 하지만 두 가지 설명만으로는 뭔가 부족하다. 전자는 연비가 비슷한 기존 가솔린 차량에 비해 수천 달러나 더 비싸기 때문이다. 후자도 문제가 있는데, 프리우스를 구입한 사람들에게 환경 보존은 중요한 구매 사유가 아니었기 때문이다.

이에 진화심리학자들은 프리우스 같은 제품의 성공 이면에 소비자의 어떤 동기가 숨어 있는지 알아보려고 실험을 진행했다.[2] 친환경

제품을 구매함으로써 소비자는 자신의 무엇을 드러내려는 것일까? 프리우스를 구입하는 소비자는 자신이 이기적이지 않고 친사회적인 사람이라는 시그널을 다른 이들에게 전달할 수 있다. 다시 말해, 그들은 지구 환경에 도움이 되는 친환경 차를 자발적으로 선택한 사람이라는 점을 자랑하고 싶어 한다.

이타성으로 포장된 지위 상승 욕구

친사회적 행위는 좋은 평판을 남긴다. 그 사람이 신뢰할 만하니 친구, 동료, 연인으로 삼기에 바람직하다는 시그널이다. 진심 어린 친사회적인 행위는 집단 내의 지위와도 관련이 있다. 집단의 이익을 위해 자신을 희생하는 행위는 집단에서 그 사람의 지위를 올려 주며 나중에 지도자로 추대될 개연성을 높여 주기 때문이다.

이른바 '경쟁적 이타성competitive altruism'은 친사회적 또는 이타적으로 보이려는 노력을 통해 더 높은 지위에 오르려고 경쟁하는 행위를 일컫는다.[3] 높은 지위에 오를수록 번식에 유리하기 때문이다. 그러나 자기희생에 드는 막대한 비용을 감수하면서까지 이타적 행위로 경쟁하는 이유는 무엇일까? '값비싼 신호 이론costly signaling theory'으로 설명이 가능하다.

값비싼 신호 이론에 따르면, 이타적 행위는 공공의 이익을 위해 자기희생을 감수할 만큼의 능력과 의향이 있다는 것을 드러내는 신호다. 예컨대 아라비안 노래꼬리치레Arabian babbler는 이타적 행동을 하

8-1 아라비안 노래꼬리치레는 생존의 위협을 무릅써야 하는 보초 역할을 더 오래 하려고 경쟁한다. 이런 대담한 행위는 탁월한 능력을 가졌음을 과시하는 신호로 해석된다.

면서 다른 개체와 지위 경쟁을 한다. 나무 꼭대기에 앉아 망을 보다가 포식자가 나타나면 경고음을 내는 것이다. 사실, 이런 행동을 하는 개체는 자기 위치가 노출되기 때문에 생존 가능성이 희박하다. 그런데도 이런 보초 역할을 더 오래 하려고 경쟁한다. 처음에는 이런 행동이 집단 전체를 위한 고귀한 희생이라고 생각했다. 하지만 이스라엘의 행동생태학자 아모츠 자하비Amotz Zahavi는 완전히 다른 해석을 내놓았다.[4] 이런 무모한 행동은 그만한 위험도 무릅쓸 만큼 탁월한 능력과 의향이 있음을 과시하는 신호라는 것이다. 실제로 보초를 더 오래 선 개체일수록 집단 내의 지위와 짝짓기 서열이 올라갔다.[5]

경쟁적 이타성은 인간 사회에서도 볼 수 있다. 북아메리카 북서해

안에 거주하는 인디언에게는 포틀래치potlatch라는 풍습이 있다. 사냥해서 얻은 음식 등을 손님을 초대해 나누어 주는 의식이다. 이곳에서 개인의 서열과 권위는 성대한 잔치를 얼마나 자주 열었는가에 따라 결정되기 때문에 인디언들은 일종의 나눔 경쟁을 벌인다. 이런 경쟁은 첨단 테크놀로지에서도 나타난다. 페이스북 같은 소셜 미디어에서 자신의 시간, 에너지, 지식을 동원해 남들보다 더 많은 정보를 생산하거나 공유하는 사람들이 있다. 자신의 가용 자원을 써 가며 다른 사람들을 도우려고 하니 이것도 경쟁적 이타성의 사례라 할 만하다. 그들은 어쩌면 SNS에서 더 높은 지위를 얻기 위해 나눔 경쟁을 하고 있는지도 모른다. 소셜 미디어에서 파급력이 강한 콘텐츠는 실제 세계에서 사람의 마음과 행동에 미치는 영향력도 크다. 그런 점에서 콘텐츠를 게시하고 공유하는 것은 번식 성공률을 높이려고 애쓰는 개체의 행위와 다를 바 없다.

윤리적 소비의 작동 메커니즘

값비싼 신호 이론을 적용해 보자. 환경 보존 같은 값비싼 친사회적 행위는 더 나은 지위를 얻고자 하는 동기와 결부되면 더 늘어날 것이다. 그래서 몇몇 연구자는 소비자의 지위 동기status motive가 촉발되었을 때 프리우스 같은 친환경 제품에 대한 선호도가 실제로 증가하는지 검증하는 실험을 설계했다.[6]

우선, 남녀 대학생 각각 65명, 130명으로 구성된 피험자들에게 졸업 후 대기업에 입사해 근사한 사무실에 첫발을 내딛는 모습을 상상해 보라고 주문한 다음, 700자로 구성된 짤막한 이야기를 읽게 했다. 그 이야기에는 고급스러운 로비와 호화 가구로 꾸며진 직장 환경, 그리고 동성同性 동료들을 제치고 승진해서 높은 연봉과 쾌적한 사무실을 얻게 되는 상황이 묘사되어 있었다. 연구자들은 피험자가 이런 이야기를 읽으면 사회적 지위와 특권을 바라는 욕구가 올라간다는 사실에 착안해 이를 활용한 것이다.

실험 환경을 통제하기 위해 연구자들은 다른 이야기도 고안했다. 콘서트 티켓을 잃어버렸다가 집 안을 샅샅이 뒤져서 찾은 후, 동성 동료와 콘서트장으로 서둘러 가는 이야기다. 두 이야기에 굳이 '동성' 동료라고 나타낸 것은 일부러 이성 동료를 배제시키기 위해서다. 혹시라도 짝짓기와 관련된 심리가 개입되면 안 되기 때문이다.

첫 번째 실험(〈실험1〉)에서는 지위 동기가 발동된 조건('지위 조건')과 통제 조건을 구분하고, 피험자에게 더 고급스러운 차('고급 차')와 덜 고급스럽지만 친환경적인 차('녹색 차') 중에서 선택을 하게 했다(차 가격은 동일하다.). 예상대로 '지위 조건'에서만 피험자가 '녹색 차'를 선택하는 비율이 높았다.

두 번째 실험(〈실험2〉)에서는 매장을 직접 찾아가 다른 사람들이 보는 앞에서 구매한다고 상상하게 한 경우('공개 구입')와 집에서 온라인으로 혼자 구매한다고 상상하게 한 경우('비공개 구입')로 구분한 후, 피험자 남학생 58명, 여학생 35명에게 '고급 차'와 '녹색 차'를 선택하게 했다(가격은 동일하다.). 구매 방식에 따라 지위 동기가 얼마나 효과를 발휘하는지 알아보려는 것이다. 그 결과, '지위 조건' 상태에서 '공개 구입'일 때만 '녹색 차'의 선호도가 올라갔다. '비공개 구입'일 때는 지위 동기가 '고급 차' 선호도를 증가시키는 쪽으로 작용했다. 이런 차이도 값비싼 신호 이론으로 설명이 가능하다. 즉, 다른 사람들의 시선에 노출되어 평판에 영향을 받을 때만, 지위 동기가 '녹색 차'를 더 선호하게 만든다는 것이다.

세 번째 실험(〈실험3〉)에서는 '녹색 차'와 일반 차의 가격을 달리한 후 지위 동기가 구매 선호도에 어떤 영향을 끼치는지 알아보았다. 가령, 일반차인 2,400달러짜리 혼다 어코드와 3,000달러짜리 '녹색 차'인 혼다 어코드 하이브리드 중에서, 또는 3,000달러짜리 혼다 어코드와 2,400달러짜리 혼다 어코드 하이브리드 중에서 어떤 차를 구매할 의향이 있는지 물었다. 일반적인 소비 패턴으로는 가격이 더 싼 차를 선호하는 결과가 나와야 한다. 하지만 결과는 다소 놀라웠다. 피험자들은 '녹색 차'가 일반 차보다 더 비싼 경우에만 '녹색 차'를 선호했다. '녹색 차'가 상대적으로 싸면, 구매 욕구가 다소 떨어졌다. '녹색 차'가 환경에 도움이 되지만 가격이 싸면 친환경 구매 행위가 오히려 자신의 능력을 깎아내리는 것으로 비칠 수 있다고 생각하기 때문이다. 이 실험은 경제성이나 환경보다 지위나 체면 같은 사회적 동기가 구매 행위에 더 중요한 변인임을 말해 준다.

친환경 제품, 친사회적 제품을 더 많이 팔고 싶은 사람들에게 이렇게 조언해 주고 싶다. 첫째, 녹색 제품을 송중기 같은 유명 탤런트나 기업의 CEO가 사용한다고 광고하면 소비자의 지위 동기를 발동시켜 해당 제품의 구매 욕구가 늘어날 것이다(〈실험1〉의 응용). 둘째, 암 퇴치 기금을 냈다는 표시인 노란색 손목 밴드(일명 '리브스트롱' 밴드)

처럼 다른 사람들의 시선을 끌 만한 뭔가를 만들어 내는 게 중요하다 (〈실험2〉의 응용). 마지막으로, 비싸게 파는 것이 유리하다. 예컨대 전기 차를 많이 팔려면 역설적으로 가격을 더 올리거나, 배터리 충전을 어렵게 하는 등 전기 차 운행을 매우 힘들게 해야 한다(〈실험3〉의 응용). 매우 비상식적인 제안처럼 들리지 않는가? 전기 차 운행을 불편하게 해야 더 많이 팔릴 거라니!

　자, 다시 뉴발란스의 메이드 인 USA 진열대로 가 보자. 소비자들은 그 진열대에서 더 비싼 신발을 구매했다. 그들은 온라인 쇼핑을 한 게 아니다. 그곳에 있는 다른 사람들이 자신의 친사회적 구매 행위를 지켜보는 상황에서 소비 행위를 했다. 신발은 제품의 특성상 대개 매장을 방문해 구매한다. 미국산 뉴발란스 신발을 사는 것은 사회적 평판을 만들어 내는 전형적 행위다. 만일 그 신발을 온라인 위주로 판매했다면 판매량은 훨씬 저조했을 것이다.

　혹시 그 신발을 같은 가격 또는 더 싸게 팔았다면 어떻게 되었을까? 앞서 본 〈실험3〉의 결론대로라면, 구매자의 능력을 과시할 만한 상황이 아니므로 값이 싸더라도 오히려 수요가 줄었을 것이다. 결국 뉴발란스의 이중 가격 정책은 매우 적절했다. 마치 평판에 관한 진화 심리학 연구 결과를 잘 숙지한 다음에 현실에 마침맞게 적용한 것처럼 느껴질 정도다. 다만, 그 진열대를 지날 때마다 소비자의 지위 동기를 유발할 장치를 좀 더 추가했으면 판매량이 더 늘어났을 것이다. 광고비가 올라가겠지만 뉴발란스를 신고 있는 브래드 피트나 앤젤리나 졸리의 사진을 걸어 놓았으면 어땠을까?

선행은 남들이 알아줘야 제맛

좋은 평판을 받는 사람들은 번식 성공률이 더 높아진다. 가령 배우자 선택의 폭이 넓어지고 더 좋은 자원을 남들보다 더 많이 얻을 수 있다. 결국 평판을 높이려는 행위의 최대 수혜자는 집단이나 개체가 아니라 유전자다. 한 개인의 유전자는 친사회적인 행위나 반사회적인 행위를 따지지 않는다. 다만 호모 사피엔스에게 평판은 복잡한 사회 구조 속에서 살아가면서 협력자와 배신자를 구분하는 간접 정보로 유용했으며, 평판이 좋은 사람은 집단 내에서 지위가 상승하는 경우가 많았기에 우리는 남과 나의 사회적 평판에 민감하게 반응한다.

평판이 좋은 사람은 그렇지 않은 사람보다 도움을 더 많이 받는다. 그러면 어떤 경우에 좋은 평판을 얻을까? 다른 사람을 도와주는 것을 누군가가 목격할 때다. 아무도 보지 않는 상황에서 남을 돕는다면, 그리고 도움 받은 사람이 도와준 사람의 존재조차 모른다면, 평판 자체가 생기지 않는다. 따라서 기부자 외에는 아무도 모르는 기부 행위란 사실상 희귀하다. 남들 모르게 했던 기부 행위가 대개 언젠가는 세상에 알려지는 것도 바로 평판 때문이다. 이런 맥락에서라면 기부는 '평판 구매 행위'라고 다시 규정해도 무방하지 않을까? 그러니 "오른손이 한 일을 왼손이 모르게 하라."는 예수의 가르침은 얼마나 위대한가! 하지만 신이 보고 있기에 선한 행동을 하라는 가르침은 또 얼마나 인간적인가! 평판에 민감한 인간의 심리를 이용한다는 측면에서 말이다. 타자의 시선을 초월하는 인간은 없다.

양심 냉장고와 평판

2012년에 스위스의 심리학자들이 제네바의 버스 정류장 14곳에서 피험자 93명을 대상으로 실험한 내용을 발표했다.[7] 연구자들은 정류장의 양쪽 끝에 종이 수거통과 깡통 수거통을 설치했다. 벤치 위쪽에 쓰레기를 수거통에 버리는 행동을 상징하는 픽토그램을 붙여 놓은 후에 그 옆에 사람 눈 이미지를 붙였다(실험 조건). 그러고 나서 신문지와 깡통 등의 쓰레기를 정류장 벤치에 늘어놓았다. 한편, 통제 조건에서는 사람 눈 이미지 자리에 꽃 이미지를 붙였다. 타자의 시선이 친사회적 행동을 얼마나 이끌어 내는지 알아보려는 실험이다. 버스를 기다리는 승객들의 행동은 두 조건에서 어떻게 달라졌을까?

실험 조건일 때는 피험자의 33퍼센트 정도가 쓰레기를 분리해서 버렸는데, 이는 통제 조건일 때와 거의 비슷했다. 하지만 분리 배출에 참여한 사람들을 관찰해 보니, 실험 조건일 때, 즉 눈 이미지가 붙어 있을 때 분리 배출에 걸리는 시간이 두 배가량 더 늘어났다. 꽃 이미지가 붙었을 때는 사람들이 쓰레기를 대충 버렸다면, 눈 이미지가 붙었을 때는 쓰레기 분리에 좀 더 세심하게 신경을 썼기 때문일 것이다. 이는 눈 이미지만으로도 일상의 공익 행동을 더 많이 유도할 수 있다는 점을 알려 준다.

이 실험의 원조 격이라 할 만한 연구가 있다. 어느 대학교 카페에 음료수 비용을 자발적으로 정직하게 내라고 돈을 넣는 상자를 설치했다. 눈 이미지가 붙은 조건일 때, 학생들이 음료수 값을 내는 비율은 눈 이미지가 없는 통제 조건일 때보다 세 배 정도 높았다.[8] 눈 이

8-2 깡통 수거통(2a)과 종이 수거통(2b) 사이에 쓰레기(1a, 1b)를 버리는 행동을 상징하는 픽토그램(3, 4)을 붙여 놓고, 사람 눈 이미지(3)와 꽃 이미지(4)가 있을 때 사람들의 행동에 어떤 차이가 있는지 살펴보았다. 눈 이미지가 붙어 있을 때 사람들은 쓰레기 분리에 더 신경을 썼다.

미지만으로도 평판에 민감한 본능이 작동한다는 사실이 놀라울 따름이다.

　도로에 몰래카메라를 설치하고 교통 신호를 잘 지키는 시민들을 찾아내 '양심 냉장고'를 선물했던 문화방송MBC의 〈일요일 일요일 밤에 ─ 이경규가 간다〉를 기억하는가? 그 캠페인을 통해 교통 신호쯤 예사로 어기던 시민들을 교통 법규를 준수하는 모범 시민으로 이끌었던 요인은 무엇이었을까? 양심의 목소리가 더 커졌기 때문일까? 아니면 자신의 행위를 지켜보는 '시선'이 존재한다는 사실을 인지했기 때문일까? 아니, 어쩌면 양심의 목소리에 귀 기울이는 것도 사회적 평판을 의식하기 때문일 것이다. 남들이 나를 어떻게 보는가에 민감할 수밖에 없는 것은 복잡한 사회 속에서 더불어 살아야 했던 인류에게 숙명과도 같은 것이다.

스토리텔링 애니멀

침팬지가 서식하는 아프리카의 숲에 들어가 보면, 인간이 얼마나 시끄러운 종인지 알 수 있다. 20미터 높이의 아찔한 캐노피에서, 녀석들이 보내는 일상은 고요하다 못해 적막하다. 한두 마리가 팬트 후트pant hoot, 즉 자신의 존재를 알리려고 침팬지 특유의 소리를 교환하며 한바탕 떠들고 나면 숲은 다시 조용해진다. "침팬지가 사색에 잠겨 있는 것 같다."고 하자 30년간 야생 침팬지를 연구해 온 전문가는 이렇게 답했다. "아닙니다. 개네들은 그냥 멍 때리고 있는 거예요."

이야기를 만들어 내는 동물

영장류를 연구하는 외계인 과학자가 있다면, 호모 사피엔스를 한마디로 '수다쟁이 영장류'라고 규정했을 것이다. 물론 다른 동물도 의사소통 능력이 있다. 동물의 '언어'가 인간의 언어처럼 문법적 체계를 갖추고 있는지는 또 다른 쟁점이지만, 제 나름의 의사소통 체계가 진화해 왔다는 사실까지 부인할 수는 없다. 이를테면 페로몬pheromone

이라는 화학 물질로 정교하게 의사소통하는 개미를 떠올려 보라.

인간이 시끄러운 것은 단순히 말을 많이 하기 때문만은 아니다. 인간이 다른 영장류와 구별되는 또 한 가지는 말과 문자로 이야기를 만들고 전한다는 점이다. 이른바 스토리텔링storytelling은 인간에게 고유한 특성 중 하나다. 문자가 발명된 이후 이야기가 기록되지 않은 문명은 없었다.

그런데 이야기를 만들고 이해한다는 것은 결코 쉬운 일이 아니다. 에너지가 소모되고, 인지 능력이 필요하며, 시간도 많이 걸린다. 이야기가 어떻게 쓰이는지도 분명치 않은 것 같다. 개체의 생존과 번식의 관점에서 보자면 이야기의 기원, 보존, 전수는 또 하나의 수수께끼다. 도대체 이야기는 왜 만들어지고 소비되며 전달되는가? 그리고 어떤 패턴의 이야기들이 살아남아 변주되는가?

이야기를 통한 가치 판단의 공유

이야기의 기원을 바라보는 진화론적 접근 방식은 크게 두 가지다. 하나는 적응주의adaptationism 문학론의 관점이고, 다른 하나는 문학을 인지 적응의 '부산물'로 보는 견해다.

적응주의 문학론은 이야기의 적응 기능을 강조한다. 이것은 문학이 인간의 생존과 번식에 직접적인 이득을 주기 때문에 진화했다는 입장이다. 실제로 적응주의 문학론자들은 문학 덕분에 사람들이 중요한 사안에 '주의집중'을 했고 집단 내 결속력을 공고히 다져 왔다

고 주장한다.[1]

이와 관련해 미국의 공동 연구팀이 소설을 조사한 결과는 매우 흥미롭다. 연구팀은 500명을 대상으로 《오만과 편견Pride and Prejudice》, 《폭풍의 언덕Wuthering Heights》 같은 빅토리아 시대의 소설 200종을 읽게 한 후 등장인물이 주인공인지 아니면 악당, 혹은 주인공과 갈등을 겪는 인물인지, 양심적이며 성실한지, 아니면 권력 지향적인 사람인지 조사했다.

조사 결과에 따르면, 제인 오스틴Jane Austen의 《오만과 편견》에 나오는 주인공 엘리자베스 베넷은 매우 양심적이며 교육을 잘 받은 사람으로 평가받은 반면, 브람 스토커Bram Stoker의 《드라큘라Dracula》에 등장하는 드라큘라 백작은 권력 지향적이며 반사회적인 인물로 평가됐다. 연구팀은 "소설의 독자는 은연중에 등장인물에 대해 좋거나 나쁘다는 식의 가치 판단을 내린다. 이런 가치 판단이 본능과 충동을 억누르면서 사람들을 협력으로 이끈다. 사람들이 서로의 감정을 잘 조율하지 않고는 공동의 목표를 지향하는 협력이 일어날 수 없기 때문이다. 이런 요소에 힘입어 소설은 사라지지 않고 꾸준히 사랑받고 있다."고 밝혔다. 즉, 소설이 '아교풀'처럼 사회를 결속시키는 기능을 한다는 것이다. 사회를 이롭게 하는 행동을 강화하기 때문에 시대가 바뀌고 문화가 달라도 소설의 인기가 지속된다는 뜻이다.[2]

게다가 전통적인 이야기의 상당수는 '기원'과 밀접한 관계를 맺고 있다. 이것은 스토리텔링이 사회 집단의 유대감을 높이는 장치로 기능한다는 사실과 맥을 같이한다. 신화와 전설은 해당 사회를 기능적 동맹으로 만드는 데 일조한다.

그런데 이런 스토리텔링이 가능하려면 적어도 2차의 지향성 intentionality이 필요하다. 작가는 등장인물들끼리 서로 생각하는 것을 독자가 추론할 수 있도록 이야기를 구성해야 하기 때문이다. 예컨대 삼각관계를 담아내는 이야기라면 작가가 적어도 5차의 지향성을 갖고 있어야 하는데, 평범한 사람은 갖추기 힘든 능력이다. 독자도 최소 4차 지향성 정도는 가져야 한다. 그러므로 이야기를 만들고 이해하는 능력은 침팬지 수준의 마음 이론만으로는 불가능하다. 이렇게 문학 능력의 진화와 마음 읽기 능력의 진화는 맞물려 있다.

이야기는 삶의 예행연습이다

한편, 사회적 유대감 강화가 아니라 다른 적응 기능 때문에 이야기가 진화했다는 견해도 있다. 몇몇 연구자에 따르면, 사람들은 이야기를 통해 생존과 번식에 관련된 자신의 동선을 미리 연습한다.[3] 이를 테면, 사냥 나간 틈을 타 이웃 부족이 마을을 공격한다는 것이 무엇인지, 물이 부족한 곳을 여행한다는 것이 어떤 상황인지 가정해 보는 허구를 가지고 그 대처 방안을 상상해 본다는 뜻이다. 사회생물학자 에드워드 윌슨Edward O. Wilson도 예술의 기원을 언급하면서 비슷한 견해를 제시한 바 있다.

예술은 지성이 야기한 혼돈에 질서를 부과할 필요성 때문에 탄생했다. 초
창기 인간은 마술을 통해 환경의 풍요로움과 연대의 힘 그리고 생존과 번

식에 가장 중요했던 여타 힘들을 표현하고 통제하고자 예술을 창안했다. 이런 힘들은 새롭게 모사된simulated 실재 속에서 의례화되고 표현될 수 있는데 예술은 이를 위한 수단이었다. 예술은 인간의 본성 중에서 감정의 안내를 받는 정신 발달의 후성 규칙에 충실함으로써 일관성을 끌어냈다. 그것은 가장 호소력 있는 언어, 이미지, 리듬 등을 선택함으로써 그 규칙들을 따랐다. 예술은 이러한 원시 기능을 여전히 수행하고 있으며 그 옛날과 똑같은 방식으로 진행되고 있다. 예술의 질은 그것의 인간다움, 즉 그것이 인간 본성을 얼마나 정확하게 고수하고 있는가에 따라 평가된다.[4]

여기서 '후성 규칙epigenetic rules'은 인지 발달의 편향된 신경 회로를 뜻한다. 유전자는 후성 규칙을 만들어 내고, 그 규칙과 환경이 상호 작용함으로써 개인의 마음과 행동이 발달한다. 뱀에 대한 공포와 범문화적인 뱀의 상징, 근친상간에 대한 혐오와 터부, 그리고 색 지각과 범문화적인 색 어휘의 상호 작용은 후성 규칙에 의해 문화가 창조되는 사례다. 즉, 후성 규칙은 유전자에서 문학, 종교, 철학, 윤리까지 포괄하는 문화의 연결고리 역할을 한다. 윌슨은 문학에 가장 빈번하게 등장하는 주제와 그 밑바탕에 놓인 후성 규칙을 진화론으로 파악할 수 있다고 주장하기도 했다.

행동생태학자 데이비드 바래시David Barash는 《오셀로Othello》, 《오만과 편견》, 《테스Tess of the D'Urbervilles》 같은 위대한 이야기가 어째서 사라지지 않는지 질문을 던진 후, 진화심리학에서 말하는 인간의 본성이 해당 작품에 얼마나 잘 드러나 있는지 분석했다.[5] 예컨대 《오셀로》에서는 남성의 성적 질투가, 《삼총사Les Trois mousquetaires》에는 호혜

주의와 우정이, 《오만과 편견》에서는 여성의 짝짓기 행위가 두드러진다. 주제와 규칙의 일반성 덕분에 일본과 미국의 소설이 우리나라에서 베스트셀러가 되기도 하고, 노벨 문학상이 서구뿐만 아니라 아시아 또는 아프리카 작가에게도 수여된다.

다윈주의 문학 비평darwinian literary criticism의 창시자라고 할 수 있는 조지프 캐럴Joseph Carroll은 이야기의 진화적 기능과 관련해서 시뮬레이션 가설을 조금 더 확장시킨다. 그는 이야기가 그저 위험한 맹수와 마주쳤을 때의 대처 방법 같은 예방 주사 차원이라는 주장을 넘어서서, 사람들의 정서를 규제하고 배양하는 기능을 가진다고 주장했다. 즉, 스토리텔링의 진화가 가능했던 것은 이야기를 소비하는 사람들에게 물리적 환경뿐만 아니라 사회적·정서적 환경에 대처하는 유연성과 적응 능력을 더 많이 주었기 때문이다. 가령, 우두머리 남성이 화가 났다면 정서적으로 어떻게 대응할는지 이야기를 통해 미리 시뮬레이션해봄으로써 자신의 생존과 번식에 유리하게 활용할 수 있다. 이렇게 본다면 인간이 허구에 열광하는 것은 정서 규제를 위한 사회 인지적 적응이라고 할 수 있다.

이야기는 쾌락 버튼인가

이야기의 기원에 적응주의 입장만 있는 것은 아니다. 어떤 이들은 이야기가 인지 적응의 부산물이라고 주장한다. 대표적으로 인지심리학자 스티븐 핑커Steven Pinker는 문학, 종교, 예술 등이 인간 사회에서만 나타나는 현상이며 매우 복잡한 구조를 갖고 있지만, 자연 선택에 따라 직접적으로 진화한 인지 적응이라기보다 적응 과정에서 생겨난 부산물이라고 주장한다.[6]

부산물 이론을 설명하기 위해 핑커는 치즈 케이크를 예로 들었다. 치즈 케이크를 싫어하는 사람은 거의 없다. 왜 그럴까? 물론, 치즈 케이크 맛에 맞추어 미각이 진화된 것은 아닐 것이다. 잘 익은 과일의 달콤한 맛에서 소박한 기쁨을, 견과류와 고기에서 지방과 기름의 부드럽고 매끄러운 감촉을, 신선한 물에서 시원함을 느끼게 해 주는 그런 회로들이 진화해 온 것이다. 치즈 케이크에는 자연계의 어떤 것에도 존재하지 않는 감각적 충격이 풍부하게 농축되어 있다. 치즈 케이크에는 뇌 속의 '쾌락 버튼pleasure button'을 누르기에 충분한, 인위적으로 조합한 과다한 양의 유쾌한 자극들로 가득 채워져 있다.

핑커는 문학을 포함한 예술이 모두 그렇다고 주장했다. 예컨대, 음악은 청각 치즈 케이크고 미술은 시각 치즈 케이크다. 그는 책이나 영화에 흠뻑 빠졌을 때를 생각해 보라고 한다.

"그때 우리는 숨이 멎을 듯한 경치를 관람하고, 중요한 사람들과 허물없이 사귀고, 매혹적인 남녀들과 사랑에 빠지고, 사랑하는 사람들을 지켜 주고, 불가능한 목표를 성취하고, 사악한 적을 물리친다. 7달러의 비용이 드니 결코 손해 보는 장사가 아니다."[7]

핑커는 예술을 뇌에 장착된 쾌락 버튼이 눌릴 때마다 나오는 부산물이라고 여겼다. 하지만 부산물 이론은 문제가 있다. 이른바 고전 문학 작품은 그의 쾌락 버튼 가설이 잘 적용되지 않는다. 고전 문학은 쾌락을 안겨 주기보다는 인간의 보편적 정서를 집요하게 파고들기 때문에 대대로 전수되어 왔다고 할 수 있다. 핑커가 말하듯 쾌락으로 고전 문학 작품의 특성이 과연 잘 포착될는지 의심스럽다.

네버 엔딩 스토리

수많은 이야기 중에서 주로 어떤 것들이 살아남을까? 다시 말해, 어떤 이야기가 끊임없이 전수되는 것일까? 막장 드라마라고 욕하면서도 우리는 왜 매일 텔레비전 앞에 앉아 있는 것일까? 진화사회심리학은 인간의 사회적 심리와 행동이 왜, 어떻게 진화했는지 탐구하는 분야로서, 이야기의 변주를 이해하는 데 중요한 통찰을 준다.

우정, 동맹, 정의, 배신 등은 기념비적 소설이나 영화가 다루는 인간 사회성의 중요한 측면이다. 협력적인 상호 관계를 맺어 나가는 개인들은 큰 이득을 볼 수 있다. 타인의 이득이 자신에게는 손해가 되기도 하지만, 그 이득을 받은 사람이 나중에 자신에게 이득을 안겨다 준다면, 결국 서로에게 이득이 된다. 인간은 상호 동맹을 맺어 나가는 데 최고의 수완을 발휘하는 동물이다.

이런 호혜적 관계가 진화에 방해될 때도 있다. 다른 사람을 속일 수 있다는 점 때문이다. 사기를 당할 수도 있는 조건에서 무차별적인 호혜는 도태될 수밖에 없다. 남들에게 무조건 잘해 주다가는 사기꾼이나 배신자에게 착취당하기 쉽다. 그런 개체는 번식에 실패해 결국 진화의 역사에서 사라졌을 것이다. 따라서 호혜적 관계가 지속되기 위한 필요조건은 배신당하지 않으려는 심리적 적응 메커니즘을 갖는 일이다.

진화심리학자 레다 코스미디스Leda Cosmides는 사회적 교환 상황에서 사기꾼을 탐지하는 특수한 인지 알고리즘이 인간에게 존재한다는 이론을 전개하고 그 실험 결과를 제시했다. 인간은 정당한 대가를 치르지 않고 무임승차하려는 사기꾼을 탐지하는 데 매우 민감하다는 주장이다. 사기꾼을 탐지하는 일은 호혜적 동맹을 유지하는 데 매우 중요한 적응 문제 중 하나다. 그 밖에 다른 사람을 인식하는 능력, 다른 사람과 접촉했던 역사를 기억하는 능력, 다른 사람의 가치를 비교하는 능력 등도 동맹을 형성하고 유지하기 위해서 꼭 필요하다.[8]

인간이 동맹, 우정, 정의, 배신 등을 다룬 이야기에 그토록 민감한 것은 이렇게 다 이유가 있다. 이런 기본 뼈대 위에 어떤 양념을 뿌리느냐에 따라 1000만 관객의 영화인지, 시청률 30퍼센트 드라마인지가 판가름 난다. 기본 뼈대가 없다면, 아무리 현란한 토핑을 얹어도 그 이야기는 오래가지 않는다. '감동적'이라며 별 다섯 개를 주는 관객이 있는가 하면 '뻔한 스토리'라며 혹평하는 평론가도 있지만 그 평론가가 보편적인 인간 본성에 공감하지 않는 게 아니다. 단지 전문가로서 그 이상의 내용을 이야기해야 하기 때문이다.

10 헌신

신은 당신을 지켜보고 있다

2001년 9월 11일, 뉴욕의 국제무역센터가 테러범들에 의해 순식간에 주저앉고 말았다. 도대체 왜 그런 어처구니없는 자살 테러가 자행되었을까. 그것은 분명 죽음이 끝이 아니라고 가르치는 종교 때문이다.

만일 모든 사람이, "죽으면 모든 게 끝"이라고 생각한다고 치자. 그러면 자살 테러 같은 만행은 지금보다 훨씬 더 줄어들 것이고, 어떻게든 협상을 통해 문제를 해결하려 들 것이다. 내세를 가르치는 종교는 사람들을 언제든 살인 무기로 만들 수 있는 정신 바이러스의 일종이다.[1]

9·11 테러가 발생한 직후《이기적 유전자》의 저자 리처드 도킨스가 영국의 일간지 〈가디언 *The Guardian*〉에 기고한 칼럼의 일부다. 종교를 정신 바이러스로 규정한 도킨스의 발언은 종교인들을 도발하기에 충분했다. 하지만 종교를 공식적으로 비판하는 것 자체가 매우 조심스러웠던 상황에서, 도킨스의 논평은 내밀하고 민감한 문제로만 치부되었던 종교 문제를 공론의 장으로 끄집어낸 신호탄이 되었다. 이제는 적지 않은 사람이 종교가 더 이상 과학적 탐구로부터 면제된 성역일 수 없다는 사실에 마음을 같이한다. 종교를 하나의 자연 현상으로 보기 시작한 것이다.

10-1 2001년 9월 11일 미국 뉴욕의 국제무역센터의 모습. 9·11 테러가 발생한 직후 도킨스는 한 일간지 칼럼에서 종교는 정신 바이러스라고 발언했다. 과학은 종교를 어떻게 해석할까?

종교를 과학의 잣대로 설명할 수 있을까?

천문학자 칼 세이건Carl E. Sagan은 자신의 소설 《콘택트Contact》에서 과학과 종교의 관계를 심도 있게 탐구한 적이 있다. 소설을 각색해 만든 같은 제목의 영화에서 세이건은 주인공인 여성 천문학자 엘리너 애러웨이 박사를 통해 인류의 종교 현상에 대한 당혹감을 대리 표출했다. 베가Vega성으로 갈 인류 대표를 선발하는 자리에서 파머 조스 목사가 그녀의 자격을 심사하는 장면이 나온다.

조스: 애러웨이 박사, 당신은 자신을 영적인 사람이라고 생각합니까?

애러웨이: 무슨 질문이신지? 전 도덕적인 사람이긴 합니다만…….

조스: 당신은 신을 믿습니까?

애러웨이: 저는 과학자로서 경험적인 증거만을 사실로 받아들입니다. 하지만 그 문제에 관해서는 그런 종류의 자료가 있다고 믿지 않습니다.

위원장: 그러면 신을 믿지 않는다는 말씀이십니까?

애러웨이: 왜 이런 질문이 이번 일과 상관있는지 잘 모르겠습니다.

다른 위원: 애러웨이 박사, 세계 인구의 95퍼센트는 어떤 형태로든 절대자를 믿고 있습니다. 그렇다면 충분히 상관이 있는 질문이지 않겠습니까.

애러웨이: …… 저는 이미 답을 했습니다.

　호모 사피엔스의 역사에서 종교가 차지해 온 위상을 이 장면만큼 선명하게 드러낸 대목이 또 있을까! 종교를 받아들이지 않는 과학자라도 인류가 종교적 세계관으로부터 자유롭지 못한 이유를 과학적으로 설명하려는 시도는 할 수 있고 또 해야 한다. 특정 종교의 신자 입장에서가 아니라 외계인의 관점에서 종교 현상을 객관적으로 관찰해 보면, 종교는 인류의 보편적 현상이며, 동시에 과학적 탐구로부터 벗어날 수 없는 독특한 자연 현상으로 간주할 수 있다.

종교는 진화적 적응이다

사회생물학자 에드워드 윌슨은 진화론의 관점으로 종교를 이해할 수 있다는 가능성을 처음 제기한 학자다.[2] 그에 따르면, 인간의 마음은 신과 같은 초월자를 믿게끔 진화했다. 그는 동물 집단에서 나타나는 서열 행동, 즉 열위자가 우위자에게 복종하는 행동이 종교와 권위에 순종하는 인간의 행동과 매우 유사하다고 말한다. 그리고 그는 동물들이 서열 행동을 통해 각자의 적응적 이득을 높이듯이, 인간도 종교 행위를 통해 번식 성공률을 높였을 거라고 주장한다.[3] 종교 행위 자체가 적응 과정이라는 입장인 셈이다.

월슨은 늑대와 붉은털원숭이Rhesus monkey의 서열 행동을 예로 들면서 "만일 다른 행성에 사는 행동과학자들이 있다면 그들은 한편으로 동물의 복종 행동을, 다른 한편으로 종교와 권위에 복종하는 인간의 행위를 관찰하고는 이 둘이 사실상 같은 종류의 행위임을 곧바로 알아차릴 것"이라고 말한다. 외계의 과학자는 둘 사이의 차이점, 즉 인간은 동물과 달리, 눈에 보이지는 않으나 가장 유력한 인간 집단의 일원인 신에게 가장 정교한 순종 의례를 바친다는 사실도 관찰할 것이다. 월슨은 이렇게 외계 과학자의 관점에서 종교 현상을 설명하려고 했다. 그에 따르면, 인간의 종교 행위는 동물의 서열 행동의 연장선상에 있는 적응의 결과물이다.

월슨처럼 종교의 적응적 이득을 주장하는 사람들은 종교의 유용성을 강조한다. 예컨대 불확실한 상황에서 의사 결정의 부담을 줄여 주고, 사후死後의 두려움을 덜어 주며, 위계 사회에서 처신을 잘하도록 해 준다는 것이다. 다시 말해, 종교를 가지는 것이 생존과 번식에 더 유리했다는 뜻이다.

종교를 개체가 아니라 집단 차원의 적응으로 간주하는 사람들도

10-2 미국 유타 주를 상징하는 표지판은 꿀벌집의 모양을 본떠 만들었다. 모르몬교 공동체를 무리 지어 살아가는 친사회성 곤충에 비유한 것이다.

있다. 예컨대 데이비드 윌슨David S. Wilson은 종교 집단이 비종교 집단에 비해 더 결속력이 강하고 자원을 공유하거나 전쟁을 치를 때 더 협조적이기 때문에 종교는 개체 수준이 아닌 집단 수준의 적응일 것이라고 주장한다.[4]

종교인들은 자신의 공동체를 유기체 또는 초유기체superorganism에 비유하곤 한다. 가령, 중국과 일본의 선불교 사원은 사람의 신체 구조를 모방했으며, 모르몬교의 영향력이 강한 미국 유타 주의 도로 표지판에는 꿀벌집이 그려져 있다. 데이비드 윌슨이 예로 든 후터파 Hutterites 교도들은 16세기 체코의 모라비아 지방에서 시작된 기독교의 재세례파의 한 종파인데, 현재는 북아메리카 북서부에서 자신들만의 공동체 생활을 꾸려 나가고 있다.

인간 사회를 하나의 유기체로 보는 전통은 기본적으로 개체 중심적인 자연 선택 이론을 펼쳤던 찰스 다윈Charles R. Dawin에게서도 나

타난다. 그는 인간의 도덕이 진화하는 방식을 설명하는 대목에서 집단 선택론을 제안했다.[5]

하지만 개체 수준의 적응이든 집단 수준의 적응이든 종교 적응주의자들은 개인이나 집단이 종교를 가짐으로써 생기는 이득뿐만 아니라 그에 따르는 비용도 고려해야 한다. 비현실적인 초자연성을 계속 믿고 따르다가 손해만 보는 상황은 얼마든지 가능하다. 예를 들어, 사냥할 장소를 결정하려고 초자연적인 존재에 기도를 드리는 족장이 매번 맹수만 우글대는 곳으로 점지를 받게 되면 족장이나 그를 따르는 부족은 초자연성에 의존한 대가를 톡톡히 치르게 될 것이다. 적응주의자들은 종교가 어떤 측면에서 인류 또는 개인에게 이득과 손해를 얼마나 안겨 주는지, 결과적으로 종교가 어떤 방식으로 진화하는지 정확히 모형화해야 할 것이다. 그렇지 않으면 종교가 생존과 번식에 이득이 되었을 거라는 주장은 '그저 그럴듯한 이야기'로 그치기 쉽다.

한편, 종교 집단 내의 적응 문제는 좀 더 심각하다. 집단 선택에 따라 어떤 형질이 진화하려면 집단 내에서 배신자가 창궐하는 것을 막는 메커니즘이 있어야 한다. 배신자가 득실대면 결국 내부에서부터 시작되는 붕괴를 피할 수 없다. 가령, 한 명만 빼고 집단 내 모든 구성원에게 종교적 성향이 있다고 해 보자. 그리고 이타성이 종교적 성향의 대표적 특성이라고 해 보자. 이 집단에서 가장 큰 이득을 보는 사람은 누구일까? 종교적 성향이 없는 그 한 사람이다. 이기적 개인 한 명 때문에 장기적으로 봤을 때 그 집단은 내부에서부터 균열이 일어날 수밖에 없고, 따라서 종교성이 진화할 수 없다. 이것은 선택의 수준 논쟁에서 늘 언급되는 이른바 '배신의 문제'이며 집단 선택론자들이 해결해야 할 과제이기도 하다.

하지만 종교 적응주의의 가장 심각한 문제점은 그것이 종교의 진화와 이념 또는 가치의 진화를 구분해 주지 못한다는 점이다. 종교 진화론이 풀어야 할 과제는 초자연적인 존재자를 상정하는 반反직관적이고 반反사실적인 믿음들이 어떻게 진화하는가다.

종교는 인지 적응의 부산물이다

종교 진화론의 첫 번째 진영이 종교 적응주의였다면, 두 번째 진영은 종교를 이른바 인지 적응의 부산물로 간주하는 견해다. 적응과 부산물은 기본적으로 구분이 가능하다. 예를 들어, 혈액은 산소를 운반해 환경에 적응하는 데 이득으로 작용하면서 혈관 시스템의 진화를 이끌었기 때문이다. 반면 혈액의 '붉은색'은 산소 운반을 담당하는 헤모글로빈의 색깔 때문에 나타난 일종의 부산물 현상이다. 즉, 혈액의 기능은 환경에 적응하는 데 이득이었지만 붉은색 성질은 적응과는 관련성이 없다.

부산물 이론을 종교에 적용해 보자. 종교는 그 자체로 진화와 관련된 기능이 없으며, 다른 목적 때문에 진화된 인지 체계의 일부가 작동하는 과정에서 생긴 부산물이라고 보면 된다.[6] 그렇다면 도대체 종교는 어떤 인지 체계가 작동하는 과정에서 생긴 부산물이란 말인가?

인류는 진화의 역사에서 99.9퍼센트의 시기를 수렵채집을 하며 매우 어렵게 보냈다. 이 시기에는 생존을 판가름하는 적응 문제를 해결하기 위해 포식자의 존재를 탐지하고 추론하는 능력, 자연 현상을 인과적으로 추론하고 설명하는 능력, 다른 사람들의 마음을 읽는 능력 등을 발달시켜야 했다. 진화심리학자들은 이것들을 차례로 행위자 탐지, 인과 추론, 마음 이론 능력이라 부른다. 종교 부산물주의자들은 종교를 이런 인지 적응의 부산물이라고 본다.

우선, 행위자 탐지 능력은 일종의 "거기 누구냐?"를 묻는 본능이다. 기본적으로 자기와 상대방을 구분하고 상대의 행동을 탐지하는 능력은 포유류뿐 아니라 다른 동물도 지니고 있는 생존 전략이다. 물론 이런 능력에 언어가 늘 수반되지는 않을 것이다. 인간은 "거기 누구냐?"라고 물을 수 있지만, 다른 동물은 언어가 아닌 다른 감각으로 상대 행위자의 정체가 무엇인지 탐지한다. 이 행위자 탐지 능력을 하나의 적응으로 분류하는 것에는 이견이 없을 것이다.

인과 추론은 어떨까? 발달심리학자들에 따르면, 아이는 영아 때부터 물질계의 대상이 심리학 개념이나 생물학 법칙의 지배를 받지 않는다는 사실을 알고 있다. 심리학자 엘리자베스 스펠키Elizabeth Spelke는 아이가 물체의 속성을 직관적으로 안다는 것을 입증하는 실험을 실시해 왔다. 그 연구 결과에 따르면, 물체의 성질, 중력, 관성 개념이 아이의 마음에 영구 회로로 입력되어 있는 듯하다.[7] 즉, 인간은 물리 세계를 이해하는 타고난 인과 추론 능력을 갖고 있다. 이런 '통속 물리학' 능력은 생존을 위한 적응이다. 영장류학자들에 따르면, 이런 능력의 초보적 형태는 인간 아닌 영장류도 가지고 있다.

하지만 종교의 기원에 관한 논의에서 루이스 월퍼트Lewis Wolpert는 인간의 인과 추론 능력을 동물의 그것과는 명확히 구별해야 한다고 말한다. 그에 따르면, 인간은 진화 과정에서 인과적 설명을 할 수 있는 능력이 발달했고, 이 능력은 모든 현상에 인과 추론을 해 보는 '믿음 엔진belief engine'으로 발전했다. 인간이 인과 개념을 갖게 되면서부터 복잡한 도구를 만들기 시작했고, '왜 아플까?', '죽으면 어떤 일이 일어날까?', '해는 왜 질까?' 등의 질문을 쏟아 내기 시작했으며, 그 질문에 답하려고 '원인'을 찾는 인과적 설명을 하기 시작했다는 것이다. 월퍼트는 이것이 바로 '믿음의 기원'이라고 말한다. 그런데 한 번 장착된 엔진은 멈추지 않는다. 인간이 지금도 신을 찾는 이유는 그 엔진이 예전처럼 작동하고 있기 때문이다. 엔진의 작동은 믿음의 진위와는 상관이 없다.[8]

월퍼트의 믿음 엔진 이론은 종교의 기원을 좀 더 단순한 메커니즘으로 제시했다는 점에서 흥미롭기는 하지만, 사람들이 '초자연적 존재'나 '초자연적 믿음'에서 원인을 찾는 까닭을 잘 설명하지 못한다. 종교는 복잡한 인과 추론 엔진이 아니라 초자연적 대상들을 다루는 엔진이기 때문이다.

마음 이론 능력은 앞에서 몇 차례 설명했듯이 다른 사람이 무슨 생각을 하는지 미루어 짐작해 볼 수 있는 능력이다. 그렇다면 이 세 가지 인지 적응은 인간의 종교 행위와 어떤 관련이 있을까? 행위자 탐지는 대상이 누구이건 행위자이기만 하면 탐지하는 특화된 장치이므로 초자연적 대상일 경우에도 작동한다.

인간은 '우연히 벌어진' 사건에 만족하지 못하고 그 이유를 따지고 싶어 하는 인과 추론 본능이 있다. 그런데 추론이 벽에 부딪힐 때면 초자연적 존재를 최종 원인으로 삼으려는 경향이 생긴다. 상대방의 마음을 읽을 수 있는 보통 사람은 '내 정신 상태를 정확하게 꿰뚫어 보는' 초월자의 (보이지 않는) 마음까지 창조해 낼 수 있다. 부산물 이론에 따르면, 종교적 믿음은 이런 정신 구조에 걸맞다.

초자연적 신 개념은 다소 낯설고 이상하다. 대표적인 부산물주의자인 인류학자 파스칼 보이어Pascal Boyer는 '말하는 나무'가 반反직관적이긴 하지만 용인해 줄 만한 것이고, '말도 하고 날아다니고 시간여행까지 하는 나무'는 용인 범위를 넘어서는 반직관적 대상이라고 하면서, 종교적 믿음은 대개 용인 범위 내에 있는 반직관적 대상이라고 분석했다. 보이어는 종교적 개념이 자연 법칙을 따르는 대상들에 대한 직관적 기대치 중 '몇몇만' 위배한다고 주장한다. 여기서 중요한 단어는 '몇몇만'이다. 너무 심하게 위배하면 황당한 이야기만 남고, 그렇다고 기존의 인지 구조에 정확히 들어맞는 이야기만 말하면 초월자에 대한 믿음과는 무관한 진술의 합계일 뿐이다. 보이어는 종교적 믿음이 사람들에게 흥미롭고 기억에 남는 것은 이런 절묘한 위배 때문이라고 말한다. 이런 맥락에서 보이어의 종교 진화론은 '최소한의 반직관적 위배 이론minimal counterintuitive violation theory'이라 불린다. 종교적 표상은 직관으로 이해할 수 있는 생물학, 물리학, 심리학을 최소한으로 위배한다는 뜻이다.[9]

종교 부산물 이론도 문제가 있다. 부산물 이론은 종교적 믿음과 행위가 다른 적응적 인지 체계에 업혀 있는 정도를 넘어서 마치 '자신의 이득'을 위해 자율적으로 진행되는 것처럼 보이는 상황을 잘 설명하지 못한다. 예컨대, 종교 현상 중에는 고삐가 풀려 제멋대로 날뛰는 듯한 광신적 행태가 무시할 수 없을 만큼 빈번히 발생해 왔다. 이런 광신적 종교 행위는 다른 세포의 운명 따위는 아랑곳하지 않고 오로지 자기 자신의 복제만을 수행하는 암세포에 비견될 만하다.

종교는 정신 바이러스다

종교 진화론의 세 번째 진영은 종교를 하나의 밈meme으로 설명하려 한다. '밈'이란《이기적 유전자》에서 도킨스가 인간의 문화 현상을 설명하기 위해 사용한 용어인데, 'memory(기억)'나 'imitation(모방)'의 'm'과 'gene(유전자)'에서 따온 'eme'의 합성어다. '대물림 가능한 정보의 기본 단위', 혹은 '문화와 관련된 복제의 기본 단위'라는 의미가 있다. 도킨스와 대니얼 데닛Daniel C. Dennett은 밈이 유전자와 마찬가지로 복제자의 한 사례라고 말한다.

도킨스는 종교적 믿음 체계가 주로 부모에서 자식에게 전달된다는 것에 주목한다. 어린아이는 어른이 하는 말이면 대개 의심 없이 받아들인다. 언어와 사회적 관습 등을 배우고 익혀야 하는 아이에게 "어른이 하는 말은 무엇이든 믿어라."라는 지침은 자연 선택 과정을 거치며 아이의 뇌에 장착되었을 것이다. 물론 이것은 효율적인 규범이며, 대체로 잘 작동한다. 도킨스는 그런 지침이 정신 바이러스가 침투할 수 있는 길을 열어 준다고 본다. 입력된 모든 내용을 올바른 것으로 받아들이는 컴퓨터 프로그램에 그만큼 바이러스가 치명적일 수밖에 없는 이치와 같다.

도킨스는《만들어진 신 The God Delusion》에서 유신론적 종교를 박멸

해야 할 '정신 바이러스'라고 규정하고 인류가 하루라도 빨리 '신이 있다는 망상'에서 벗어나야 한다고 주장했다. 그는 자신의 복제를 위해 인간 숙주를 무차별 공격하는 감기 바이러스처럼, 종교도 그 자체만을 위해 작동하는 정신 바이러스일 뿐이라고 주장하며 새로운 형태의 과학적 무신론 운동을 시작했다.

한편, 무신론 운동의 또 다른 축인 데닛은 도킨스의 밈 이론을 강력하게 지지하는 사람이지만 도킨스의 정신 바이러스 이론이 밈의 무법자 같은 측면만 지나치게 강조한다고 비판했다. 그는 종교 밈을 '야생 밈wild-type meme'과 '길들여진 밈domesticated meme'으로 구분하고 현대의 고등 종교는 후자에 해당한다고 분석했다. 즉, 현대의 고등 종교는 경전, 신학교, 교리 문답, 신학자 등의 체제 없이는 존재할 수 없을 만큼 우리에게 길들여져 있는 밈이다.[10]

하지만 종교 밈 이론에도 문제점은 있다. 예컨대 어떤 밈이 다른 밈보다 더 선호되는 이유가 무엇인지 만족스러운 설명이 없다. 밈의 자율성 측면을 설명하려다 보니 밈의 제약성, 다시 말해 특정 유형의 밈을 선호하게 되는 인지적 편향을 제대로 설명하지 못하는 결과를 낳은 셈이다. 따라서 종교를 진화의 관점에서 제대로 이해하려면 밈 이론뿐만 아니라 종교의 인지적 제약을 포착하는 부산물 이론을 동시에 고려해야 한다.

종교는 감시 카메라다

최근에 종교의 진화를 다루는 사회심리학 이론이 새롭게 제시되었다. 그 선봉에 서 있는 아라 노렌자얀Ara Norenzayan은 종교에 관한 그 어떤 가설에도 만족하지 않는다. 특히 그는 부산물 이론이 복잡한 사회에서 종교가 가진 특별한 본성, 즉 인간의 행동에 규범을 제시하는 심판자로서 신의 존재를 설명하지 못한다고 비판했다. 또한 그에 따르면, 부산물 이론은 이런 믿음을 가진 사람들이 성공한 이유도 설명하지 못한다.[11]

이 질문에 대답하기 위해 노렌자얀과 동료들은 몇 가지 간단한 실험을 했다.[12] 연구자들은 피험자들에게 10달러씩 주고 외부인에게 돈을 건넬 수 있다고 설명했다. 그런 다음 피험자가 외부인에게 얼마를 주고, 자신은 얼마를 챙기는지 지켜보았다. 누가 얼마를 주는지 알 수 없게 익명으로 처리되었고 실험은 단 한 번에 끝냈다.

첫 번째 실험에서 대학생 피험자 50명에게 종교와 관련된 단어들을 은연중에 계속 보여 줌으로써 그들의 종교성을 불러일으킨 후, 외부인에게 얼마를 주는지 관찰했다. 피험자들의 종교적 배경을 보면, 기독교 19명, 불교 4명, 유대교 2명, 이슬람교 1명, 무신론 19명, 그리고 기타 종교 5명이었다. 예상대로 종교성을 불러일으키지 않았을 때는 피험자들이 외부인에게 평균 1.84달러를 주었다. 1달러 미만을 준 피험자도 52퍼센트가량 되었다. 반면 종교성이 촉발된 조건에서는 약 4.22달러를 외부인에게 건네주었고, 5달러 이상을 준 사람도 64퍼센트나 되었다.

두 번째 실험에서는 크게 두 가지를 보충했다. 하나는 피험자를 대학생에서 밴쿠버 시민으로 확장했고 그 수도 75명으로 늘렸다. 다른 하나는 촉발 조건을 추가했다. 이때 피험자들에게 '법원', '배심', '경찰', '시민', '계약' 등과 같은 비종교적 도덕성 관련 단어들을 은연중에 제시한 다음, 피험자들이 외부인에게 얼마를 제공하는지 관찰했다. 그 결과, 피험자들은 평균 4.44달러를 제공했다. 종교성을 불러일으킨 조건에서 피험자들이 평균적으로 제공한 4.56달러와 별 차이가 없었다. 한편 비종교적 도덕성 관련 단어를 제시하지 않은 통제 조건에서는 앞서 대학생들을 대상으로 한 실험의 통제 조건보다 조금 높은 평균 2.56달러 수준이었다.

이 실험은 신 개념 또는 종교성을 불러일으킨 것만으로도 사회적 행동이 촉진된다는 것을 입증한 사례다. 비종교적 도덕성을 상징하는 단어들을 은연중에 제시했을 때도 비슷한 효과가 나타났다. 하지만 이 연구에서는 종교성을 촉발시키는 것이 무신론자들에게 어떤 효과를 주는지 명확하게 나타나지 않았다. 첫 번째 실험에서 종교성을 촉발시키니 무신자들도 친사회적 행동이 늘어났지만, 두 번째 실험에서는 그렇지 않았다.

진화인류학자 조지프 헨리히Joseph Henrich와 동료들은 파푸아뉴기니 부족의 농부부터 미국 미주리 주의 임금 노동자에 이르기까지 총 15개의 사회에서 노렌자얀의 실험과 비슷한 게임을 실시했다. 참가자들 중에서 심판자로서의 신 개념을 갖고 있는 사람들, 특히 이슬람교와 기독교 신자들은 종교가 없거나 정령 신앙을 믿는 사람들보다 외부인에게 10퍼센트를 더 주었다.[13]

이쯤 되면 '심판하는 신'이라는 개념과 친사회적 행동 사이에 밀접한 상관관계가 있다고 추정할 만하다. 노렌자얀은 이 관계를 통해 종교가 어떻게 진화했는지 다음과 같이 설명한다. 소규모 사회에서는 친사회적 행동이 종교에 의존할 필요가 없다. 가령, 아프리카 최후의 수렵채집 집단인 하드자Hadza족의 경우, 사후 세계를 믿지도 않고 부족의 수호신은 인간의 선행이나 악행에 무관심하다. 하지만 그들은 사냥을 하거나 일상생활을 영위할 때 서로 긴밀히 협력한다. 왜 그럴까? 하드자족처럼 집단의 규모가 작아서 서로를 뻔히 다 아는 사회는 협력을 촉진하려고 초자연적 힘까지 동원할 필요가 없기 때문이다. 익명성이 없는 사회이므로 사기꾼은 발을 디딜 틈이 없다.

사회의 규모가 커지면 이야기가 달라진다. 사기를 치거나 당할 여지가 생긴다. 따라서 이른바 '무임승차자free rider' 문제를 해결하지 못하면, 사회의 규모와 복잡한 정도는 어느 수준 이상 넘지 못했을 것이며, 오늘날과 같은 대규모 사회가 생겨나지 않았을 것이다. 노렌자얀에 따르면, 심판하는 신에 대한 믿음이야말로 이 문제의 해결사다. 이 해결사가 꼭 초자연적 존재일 필요도 없다. 힌두교나 불교에서 말하는 '업業, Karma'을 믿는 것도 똑같은 심리적 효과를 만들어 내기 때문이다.

노렌자얀의 '심판자 가설moralizing gods hypothesis'은 심판자로서의 신 개념이 소규모 사회에 갇혀 있던 인류를 대규모 사회로 격상시키는 과정에서 결정적 역할을 했다는 입장이다. 이 가설은 앞서 언급한 실험 외에도 몇 가지 역사학 및 고고학 증거로 뒷받침되고 있다. 터키 남동쪽의 유적지 괴베클리 테페Göbekli Tepe에서 발견된 1만 1500

년 정도 된 오벨리스크(태양 신앙의 상징으로 세워진 기념비)가 한 예다. 고고학자들은 오벨리스크를 '인류 최초의 성역'이라고 부르기도 하는데, 거기에는 반인반수半人半獸의 그림이 새겨져 있다. 물론 이것을 만들려면 대규모의 공동 작업이 이루어져야 했다. 그런데 이 지역에 농경이 시작된 연도는 대략 1만 1000년 전쯤이다. 복잡하고 큰 규모의 사회를 갖추어야 비로소 농경이 시작된다는 점을 가정해 볼 때, 소규모 수렵채집 집단에서 복잡한 농경 사회로 전이되는 과정에 종교가 모종의 역할을 했다는 결론을 내릴 수 있다.[14]

요약하면, 종교가 감시자의 역할을 함으로써 사회의 규모를 키워 왔다는 가설은 앞서 제시한 실험과 역사적 증거 덕분에 매력적으로 보인다. 게다가 수많은 초자연적 믿음 중에서 오늘날 세계 종교로 성장한 주요 종교는 거의 모두 심판자 또는 감시자를 상정하거나 그와 비슷한 기능을 하는 교리를 가지고 있다. 하지만 심판자 가설이 종교의 기원을 충분히 설명하고 있는지 여전히 의심스럽다. 종교와 관련된 단어만으로도 친사회적 행동을 촉진시킨다는 실험 결과는 종교가 왜 유지되는지를 설명할 수 있지만 종교가 왜 탄생했는지는 설명이 부족하다. 더욱이 종교의 진화 과정에서 집단 선택이 '실제로' 강하게 작용했다고 주장하려면, 심판자 신앙이 대규모 사회가 생기기 이전에 이미 존재했다는 걸 입증하는 역사 및 고고학적 증거가 지금보다는 훨씬 더 많아야 한다. 그럼에도 눈에 보이지 않는 "신이 나를 지켜보고 있다."는 믿음의 출현은 인류의 사회성 진화에 커다란 분수령이 될 만한 사건이었던 것은 분명하다. 어쩌면 이 관념이 인간의 뇌에 본능으로 각인되었을지도 모른다.

죄와 구원의 문제를 심도 있게 다룬 표도르 도스토옙스키Fyodor M. Dostoevskii의 《카라마조프의 형제들Brat'ya Karamazovy》에서 무신론자 이반은 "신이 존재하지 않는다면 모든 것이 허용된다."고 말한다. 그의 대사처럼, 심판자가 존재한다는 믿음은 도덕을 가능하게 했고 사회를 키우고 유지하는 데 큰 역할을 했을 것이다. 그러나 이제는 신앙의 자리를 세속적 제도와 규범이 대체하고 있다. 이것은 진보일까? 이에 대한 답변은 오늘날 주변에 보이는 여러 종교에 담겨 있다.

ultra
sociality

3부

초사회성의 그늘

11 소외

사회적 고통의 뿌리

펄 끓는 물이 손등에 쏟아졌는데도 뜨겁지 않다. 삐죽 튀어 나온 못에 종아리가 찢겨 피가 철철 흐르는데 아프지 않다. 종이를 자르다가 손가락을 베었는데 아무렇지 않다. 눈에 염증이 생겨 시력이 급격히 떨어지는데도 아무 느낌이 없다. 미국 드라마 〈슈퍼내추럴Supernatural〉의 주인공으로 나올 법한 특별한 존재에 대한 이야기인가? 아니다.

미국 조지아 주에 사는 17세의 애슐린 블로커Ashlyn Blocker는 태어날 때부터 어떤 신체적 고통도 느끼지 않았다. 그녀의 부모는 고통을 느끼지 못하는 아이를 보며 무척 괴로워했다. '선천성 무통각증 congenital insensitivity to pain'이라고 불리는 희귀 질병을 갖고 태어난 아이들은 대개 유아기에 감염으로 사망한다. 어쨌든 그녀는 운 좋게 살아남았다.▪

▪ 연구자들은 최근 파키스탄 북부 지역에서 비슷한 증상을 앓고 있는 세 가족을 찾아냈다. 연구 결과, 애슐린과 세 가족의 유전체에서 SCN9A이라는 유전자를 발견했고, 이 유전자에 변이가 생기면 이런 증상이 나타난다는 사실을 알게 되었다. 그 이후에 전 세계 11개 가족 158명 환자들의 염기 서열을 분석해서, 9번 염색체에 위치한 PRDM12 유전자도 변이가 생기면 역시 선천성 무통각증을 일으킨다는 사실도 밝혀냈다.[1] 이런 새로운 발견은 고통을 이해하고 통증을 완화해 주는 기술 개발에 큰 도움이 될 것이다.

고통은 진화의 산물이다

고통이 없으면 좋을 거라고 생각할 수도 있겠지만, 고통은 생존력을 높이는 가장 기본적인 적응 기제로 자연이 부여한 복이다. 음식이 없으면 허기를 느끼고, 물이 부족하면 갈증을 느낌으로써 문제 해결의 동기가 생긴다. 몸에 상처를 입었을 때 고통을 완화하려고 휴식을 취하거나 피난처를 찾게 되는 것도 똑같은 이치다. 고통을 느끼지 못하면, 생존에 방해가 되는 요소들을 피할 수 없고, 남들보다 빨리 사망할 가능성이 크다.

그렇다면 사회적 고통도 신체적 고통과 유사한 진화적 기능이 있을까? 포유류 새끼를 어미와 떼어 놓으면 이른바 '분리 고통' 울음소리를 낸다. 이 소리는 사회적 고통의 결과다. 어미는 이 울음소리를 듣고 새끼에게 다가가 정성껏 돌본다. 만일 어미와 분리되었는데 아무 고통을 못 느끼면 새끼의 운명은 불 보듯 뻔하다. 하물며 혼자서는 목도 못 가누는 인간 아기는 말할 것도 없다. 분리 고통 울음은 목숨을 보전해 주는 생명줄이나 마찬가지다. 밤새 심하게 운다고 자신의 아기를 창문 밖으로 던져 버린 비정한 부모의 이야기를 들어 본 적이 있을 것이다. 이것은 병리적 현상으로, 아기의 사회적 고통을 감지하는 부모의 신경 회로에 큰 문제가 생긴 경우다. 만일 인류의 조상이 젖 달라고 칭얼대는 아기를 이런 식으로 던져 버렸다면, 초보 엄마 아빠는 밤을 훨씬 더 우아하게 보냈을지 몰라도 인류는 대를 이어나가지 못했을 것이다. 분리 고통 울음은 사회성이 발달한 포유류에서만 볼 수 있다. 파충류 어미는 우는 새끼를 잡아먹기도 한다. 이런 '무자비한' 행동이 인간의 기준으로 보면 몹쓸 짓 같지만 사회적 애착을 겪지 않는 파충류는 충분히 그러고도 남는다.

　외로움에 대해서 생각해 보자. 외로움도 일종의 고통이다. 외로움을 심하게 느끼면 고통을 이기지 못해 자살로 이어지는 경우도 있다. 적당한 외로움은 생존과 번식에 도움이 되지만, 타인과의 관계에 문제가 생기거나 자신의 사회적 연결망에 구멍이 뚫렸는데도 외로움을 전혀 느끼지 못하는 사람이라면 주변 사람들과 점점 더 멀어지고 결국 외톨이가 될 가능성이 크다. 집단생활을 해야 살아갈 수 있는 영장류 종에게 외톨이가 된다는 것은 곧 죽음을 의미한다. 따라서 사회적 고통을 느끼는 것은 관계 속으로 돌아가야 한다는 일종의 신호로서, 집단생활을 하는 종에게 이득이 되는 진화적 적응 기제라고 할 만하다. 외롭지 않은 자, 그 사람은 비정상이다.

신체적 고통과 사회적 고통의 뿌리는 같다

신체적 고통과 사회적 고통은 어떤 관련이 있을까? 뇌의 고통 메커니즘은 이 두 가지를 함께 처리할까, 아니면 따로 처리할까? 피를 흘려서 아픈 것과 이별 때문에 아픈 것은 같은 고통일까, 다른 고통일까? 최근에 이와 관련해서 매우 흥미로운 점이 발견되었다.

　연구자들은 신체적·사회적 고통이 뇌의 배측 전대상피질dorsal Anterior Cingulate Cortex, dACC이라는 부위와 관련이 있을 거라고 예상했다. 뇌의 뒤쪽에서 앞쪽까지 이어지는 기다란 띠 모양의 대상피질은

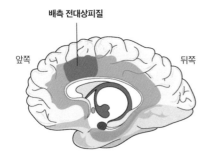

배측 전대상피질

앞쪽　　　　　　　　　　　　뒤쪽

11-1 배측 전대상피질. 이 부위는 신체적 고통과 사회적 고통 모두와 관련되어 있다.

괴로움을 유발하는 곳으로 이미 잘 알려져 있었는데, 신체적 고통을 감소시켜 자연 진통제 기능을 하는 오피오이드opioid라는 물질의 수용체가 밀집된 장소인 동시에 포유류의 애착 행동과 밀접하게 관련된 부위라는 사실이 밝혀졌다. 배측 전대상피질은 고통의 사령부인 셈이다. 예상대로 이 부위는 애착 같은 사회적 행동과 깊은 관련이 있다는 게 드러났다. 예컨대, 배측 전대상피질이 손상된 새끼 다람쥐원숭이는 분리 고통 울음소리를 못 냈고, 같은 부위가 손상된 어미 쥐는 다른 정상 어미 쥐와 달리 새끼를 돌보거나 보호하지 않았다.[2]

인간의 사회적 고통 역시 배측 전대상피질과 관련이 있을까? 최근에 이를 입증하는 다소 충격적인 연구가 있었다. 기능성 자기공명영상fMRI은 특정 인지 과제를 수행할 때 뇌의 어느 부위가 활성화되는지 알려 주는데, 이 장치로 사회적 고통이 뇌의 어떤 부위와 상관관계가 있는지 알아봤다.

피험자가 fMRI 장치 안에 누워 있다. 피험자가 보고 있는 모니터 화면의 왼쪽과 오른쪽에 사람 모양의 아바타가 있다. 피험자는 화면에 보이는 공을 조작할 수 있다. 왼쪽 버튼을 누르면 왼쪽 아바타에게, 오른쪽 버튼을 누르면 오른쪽 아바타에게 공이 간다. 피험자와 두 아바타 사이의 공 주고받기 게임은 이렇게 몇 분 동안 진행되었다.

그러다가 어느 순간, 피험자가 보낸 공이 다시 돌아오지 않게 프로그램을 조작했다. 특정 시점부터 아바타끼리만 공을 주고받게 프로그램을 짠 것이다. 이때 피험자의 뇌에서 어떤 일이 벌어지는지 알아보는 게 실험의 목적이다. 피험자는 더 이상 버튼을 누를 일이 없었고 몇 분 후에 실험은 종료되었다.[3]

만일 당신이 이런 '사이버 볼cyber ball' 실험의 피험자라면 공이 더 이상 자신에게 오지 않을 때 기분이 어땠을까? 연구자들은 실험을 끝내고 fMRI 장치에서 내려온 피험자들에게 그때의 기분을 물었다. 대부분 격앙된 상태로 분노와 소외감을 표출했다. 이런 반응은 뇌 영상 연구에서 매우 이례적인 경우였다.

더욱 놀라운 것은 fMRI가 포착한 활성화 부위다. 피험자가 버튼을 누를 수 없는 상황에서 연구자들은 피험자의 배측 전대상피질이 활성화되고 있다는 걸 확인했다. 좀 더 정확히 말하면, 고통을 더 많이 겪을수록 그 부위의 활성도가 증가했다. 심지어 피험자에게 게임 프로그램이 조작되었다는 이야기를 해 준 다음 실험을 했을 때도 배측 전대상피질이 활성화되었다. 이 부위는 사회적 고통을 관장하는 곳이다. 한편, 신체적 고통 역시 많이 겪을수록 배측 전대상피질의 활성도가 증가했다. 신체적 고통과 사회적 고통은 모두 배측 전대상피질과 깊은 관련이 있다.

사회적 고통과 신체적 고통이 실제로 동일한 신경 체계에 기초하고 있다는 또 다른 증거는 뮤-오피오이드 수용체mu-opioid receptor 유전자를 가진 사람들을 대상으로 한 연구다. 이들은 신체적 고통에 아주 민감하다고 알려져 있는데, 거절을 당했을 때와 같은 사회적 고통에도 민감하게 반응했다. 이 사람들은 사이버 볼 실험에서도 배측 전대상피질이 더 활성화되었다.

　이런 사실들은 무엇을 의미할까? 무릎이 까져서 피가 철철 날 때 (신체적 고통)와 다른 사람들에게 소외를 당했을 때(사회적 고통), 뇌는 이 두 가지를 구별하지 않는다는 뜻이다. 뇌에게는 그저 똑같은 고통일 뿐이다. 뇌는 고통을 겪게 함으로써 개체를 생존에 더 유리하게 끌고 나간다. 사랑하는 사람과 이별할 때 뇌는 그 사람에게 고통을 줘서 다음에 그런 일이 생기지 않도록 대비하게 한다. 이는 망치질을 하다가 실수로 손가락을 찧었을 때 벌어지는 뇌의 작동 원리와 본질적으로 같다.

마음의 상처에도 타이레놀을!

신체적 고통과 사회적 고통을 담당하는 뇌 부위가 똑같다는 점을 살짝 응용해 보자. 혹시 진통제로 사회적 고통을 완화할 수 있을까? 실제로 그런 실험이 있었다.

　62명의 대학생 피험자를 두 집단으로 나누어 한 집단은 매일 타이레놀 1,000밀리그램(아침에 일어나자마자 500밀리그램, 잠자리에 들기 한 시간 전에 500밀리그램)을, 다른 집단은 가짜 약을 복용하게 했다. 3주에 걸쳐 두 집단의 피험자가 느끼는 사회적 고통이 어떻게 달라지는지 알아보았다. 피험자들은 매일 저녁 "오늘 마음에 얼마나 큰 상처를 받았는가?"라는 문항에 자신의 상태를 표시해 연구자에게 이메일을 보냈다. 결과는 흥미로웠다. 9일이 지난 후부터 21일까지 타이레 놀 복용 집단이 가짜 약 복용 집단에 비해 사회적 고통을 덜 느낀다 고 응답했다.

두 번째 실험에서는 피험자 중 25명을 선발하여 fMRI 장치 안에서 사이버 볼 과제를 수행하도록 했다. 이 실험에서도 비슷한 결과가 나왔 는데, 타이레놀 복용 집단의 배측 전대상피질 활성도가 더 낮았다.[4]

자, 최근에 실연당한 분이 계신가? 일단 약국에 가서 진통제부터 구입하시라. 혹시 직장에서 소외감을 느끼신 분이 계신가? 마음이 너 무 아프다면 타이레놀부터 복용해 보시라. 곧 기분이 좋아지고 스트 레스는 줄어들 것이다. 그런 다음에 대책을 모색해 보자.

집단 따돌림은 범죄 행위다

사회적 고통이 신체적 고통과 근본적으로 동일하다는 사실은 집단 따돌림 같은 쟁점에 정책적으로 어떻게 대응해야 하는지 가늠해 보 게 한다. 우리나라를 포함해 미국, 영국, 독일, 핀란드, 일본, 칠레 등 의 나라에서 집단 따돌림을 연구한 결과에 따르면, 12~16세 학생들 가운데 정기적으로 따돌림을 당하는 아이들이 전체의 10퍼센트이 며, 이 중 15퍼센트 정도가 신체적 학대까지 받고 있다.[5] 따돌림 당하 는 아이들은 대부분 언어로 학대를 받는다. 이들은 같은 또래의 친구 들에 비해 자살을 시도할 확률이 네 배 이상이었다. 또한 집단 따돌 림을 당하는 사람들은 자살을 생각하는 빈도가 만성 신체적 통증에 시달리는 사람들과 비슷했다. 다시 말해, 집단 따돌림은 피해자를 칼로 찔러 상처를 입히는 것과 똑같은 범죄다. 집단 따돌림 피해자들이 "죽고 싶을 정도로 고통스러웠다."라고 심경을 토로하는 것은 말 그대로 죽고 싶을 만큼 고통이 있었다는 뜻이다. 사회적 고통을 유발하는 언어폭력이나 집단 따돌림은 이제 범죄로 취급해야 마땅하다.

12 서열

흙수저의 탄생

19⁹⁸년 동계올림픽 개최지였던 나가노는 일본에서도 추위와 폭설로 유명하다. 그런데 더 유명세를 타는 곳은 한겨울의 야외 온천이다. 그곳은 인간만 사용하는 곳이 아니다. 일본마카크원숭이는 섭씨 영하 20도까지 내려가는 추운 환경에서 살아남는 특이한 방법을 개발했다. 바로 섭씨 40도의 야외 온천탕을 활용하는 것이다. 한겨울의 온천탕은 원숭이들에게 천국이나 다름없다. 그런데 이 천국을 모든 개체가 누릴 수 있는 건 아니다. '입장권'은 이른바 상류층과 그 새끼들에게만 돌아가고, 나머지는 우두머리 수컷의 엄격한 감시와 처벌 때문에 탕 주변에서 오들오들 떨면서 지내야 한다.[1] 흙수저의 비애다.

이런 지위 서열status hierarchie이 원숭이 세계에만 있는 것은 아니다. 암탉이 먹이를 쪼는 행동을 관찰해 보면 권력 서열을 대번에 알 수 있다. 암탉들에게 모이를 줘 보라. 처음에는 앞다투어 모이를 쪼아 댈 것이다. 하지만 얼마 지나지 않아 암탉들은 모종의 순서대로 먹이를 쪼아 댄다. 이게 그들의 권력 서열이다.[2]

물론 이 서열의 사다리는 인간 사회의 보편적 특성이기도 하다. 로마 제국처럼 사회적 서열이 대물림되었던 경우도 있지만, 인도네시아 수마트라 섬의 아체Atjeh 족, 아프리카 탄자니아에 사는 하드자족, 아프리카 칼라하리 사막 북부에 거주하는 !쿵(!Kung, !은 혀끝으로 입천장을 차면서 내는 소리와 비슷하다.) 족처럼 여전히 수렵채집 사회로 살아가는 사람들은 수렵과 채집 기술이 좋을수록 혜택을 누린다. 크든 작든, 부자든 가난하든, 산업화가 되었든 아니든, 지금까지 인류 사회에는 지위 서열이 있었다는 점에 인류학자들은 대체로 동의한다.[3]

서열이란 무엇인가

위계가 있는 사회에서 자원 경쟁이 벌어질 때 자원에 먼저 접근할 권리는 지위에 따라 결정된다. 지위에는 서열이 있기 마련인데, 두 가지 유형이 있다. 하나가 지배에 근거한 서열이라면, 다른 하나는 품격에 근거한 서열이다. 지배 서열은 동물 사회에서 흔히 볼 수 있다. 동물 사회에서는 개체가 위협이나 협박 등 힘을 과시하면서 자원에 접근하는 우선권을 획득한다. 반면, 품격은 어떤 개체가 다른 개체들의 성취에 도움을 줌으로써 자연스럽게 그 사회에서 부여받는 지위를 뜻한다. 품격을 갖춘 개체, 즉 가치 있는 기술이나 지식을 소유한 개체는 자원에 접근할 수 있는 우선권을 얻게 된다.[4]

사회적 위계가 인간 사회에서 보편적이고, 개체의 지위가 성적 파트너 및 포괄 적합도와 관련된 자원에 접근할 우선권에 영향을 준다면, 지위 향상을 위한 욕망, 다른 사람들의 지위를 비교·평가하는 능력, 지위 변화를 관리하는 능력 등의 심리 메커니즘이 진화했어야 한다. 그렇다면 정말 그 메커니즘이 진화되어 호르몬, 인지 및 정서, 행동 수준에서 조율되고 있을까?

동물 행동을 획기적으로 연구해서 1973년에 노벨 생리의학상을 받은 동물행동학자 니콜라스 틴베르헌Nikolaas Tinbergen은 동물의 행동을 이해하려면 다음 네 가지 질문을 모두 던져야 한다고 말했다.[5]

- 인과적 측면(메커니즘): 그런 반응을 이끌어내는 자극은 무엇인가? 그런 행동의 분자·생리·신경·인지·사회적 메커니즘은 무엇인가?
- 발달적 측면(개체 발생): 그 행동은 나이가 들면서 어떻게 발현되는가? 어떤 발달 단계와 환경 요인들이 상호 작용하는가?
- 기능적 측면(적응): 그 행동은 그 개체의 생존과 번식에 어떤 영향을 주는가?
- 진화적 측면(계통 발생): 그 행동은 계통적으로 유사한 다른 사촌 종에게도 나타나는가? 계통 진화의 어디쯤에서 그 행동이 처음 생겨났고 퍼지게 되었는가?

진화생물학자 에른스트 마이어Ernst Mayr는 이 네 가지 질문을 근인적 메커니즘에 관련된 질문과 궁극적 메커니즘에 관련된 질문으로 다시 나누었다. 틴베르헌의 인과 및 발달적 측면은 근인적 질문에 해당하고 기능 및 진화적 측면은 궁극적 질문에 해당한다.[6] 예를 들어, 철새가 이동하는 현상을 설명할 때 비행의 물리적 메커니즘이나 그 능력이 '어떻게' 발달하는지 이야기하는 것이 근인적 설명이라면, '왜' 이동하는지 그 이유를 이야기하는 것이 궁극적 설명이다.

행동생태학자들이 주로 궁극적 설명에 관심을 기울이는 이유가 있다. 가령, 짝짓기, 먹이, 적절한 환경 등 무엇 때문에 비행하는지 이해하지 못하면 철새의 이동은 그저 '신비로운 현상'으로 남을 수밖에 없다고 생각하기 때문이다. 반면 생리학자들이 주로 근인적 설명에 몰두하는 이유는 어떤 행동의 물리화학적 메커니즘을 모른 채 진화적 기능만 찾게 되면 자칫 '그럴듯한 이야기'로만 끝날 수 있다고 여기기 때문이다. 즉, 어떤 행동이든 그 메커니즘의 분자 수준부터 진화 수준까지 파악해야 전모를 이해할 수 있다는 뜻이다. 자, 그럼 사회적 서열의 근인적 메커니즘부터 살펴보자.

테스토스테론과 서열

호르몬은 지위 서열의 탄생, 발생, 유지를 촉진하는 근인적 메커니즘 중 하나다. 예컨대, 인간이든 동물이든 테스토스테론 수치는 개체의 상대적 지위와 관련 있다고 알려졌다. 이성 짝을 두고 벌이는 동성 간 경쟁 이후 승리자의 테스토스테론 수치는 증가하고 패배자의 수치는 감소한다.

이런 패턴은 물리적 경쟁(신체 접촉이 있는 싸움), 비물리적 경쟁(서열 경쟁), 실험실 상황의 경쟁 등에서도 똑같이 볼 수 있다. 예컨대, 스포츠 팬들은 자신이 응원하는 팀이 이기거나 지면 테스토스테론 수치가 어떻게 달라질까? 전통적으로 라이벌 관계인 대학의 농구 경기, 브라질과 이탈리아의 월드컵 축구 경기를 본 남성 팬들을 대상으로 연구한 실험 결과가 있다.[7] 연구자들은 경기 전후 피험자들의 타액을 채취하여 테스토스테론의 수치를 분석했다. 그 결과, 두 경우 모두, 승리한 팀 팬들의 평균 테스토스테론 수치가 증가한 반면, 패배한 팀 팬들의 수치는 감소했다. 열렬히 응원하는 팀의 경기를 보는 것만으로 생리적 변화가 일어난 것이다. 게다가 승리한 팀의 팬들은 자존감이 상승하는 등 심리 상태도 변했다.

그런데 흥미로운 사실은 지위와 테스토스테론이 길항 관계라는 점이다. 즉, 지위가 높아지면 테스토스테론 수치가 올라가고, 테스토스테론 수치를 높이면 지위가 올라간다. 가령, 지위가 낮은 소에게 테스토스테론을 주입하면 그 소의 서열이 높아지고, 테스토스테론 수치를 줄이면 서열이 다시 떨어진다.[8]

테스토스테론의 변화가 어떻게 서열의 변화를 야기하는지 아직까지 명확히 규명된 것은 없다. 다만, 테스토스테론 수치가 높아지면 과감하고 공격적인 행동이 더 늘어나고 그만큼 지위를 높일 기회가 더 많아진다는 사실로 미루어 보건대, 간접적으로 양자의 관계를 추론할 수 있다.

여성에게도 같은 현상이 나타날까? 여성 피험자 60명을 대상으로 절반은 0.5밀리그램의 테스토스테론을 주사하고 나머지 절반은 플라세보를 주사한 후에 최후통첩 게임(⟨03 배려⟩ 참조)을 실시했다.[9] 피험자들은 이 게임에서 제안자로 참여했는데 자신이 받은 총 10MU 중에서 5MU, 3MU, 2MU, 0MU를 수용자에게 제시할 수 있다.

그 결과, 테스토스테론 그룹은 평균 3.9MU를 제시한 반면, 플라세보 그룹은 평균 3.4MU를 수용자에게 제시했다. 테스토스테론이 공정성 수준을 더 높였다는 뜻이다. 그런데 테스토스테론 그룹의 친사회적 행위는 그들에게 좋은 평판을 만들어 내는 경우에만 일어났다. 이 실험은 흥미로운 점이 많다. 테스토스테론이 이기적·지배적·공격적 행위를 이끌어 내는 반反사회적 호르몬이라는 통념을 깨고, 지위를 향상시키려는 행위와 밀접하게 연관된 사회적 서열 호르몬이라는 사실을 드러내 주기 때문이다.[10]

한편, 테스토스테론이 승부욕과 관련이 있다는 연구도 많다. 그중 한 연구에서는 경쟁에서 지고 난 후 테스토스테론의 변화가 다시 대결을 벌이겠다는 결심 여부에 영향을 끼치는지 확인하려고 했다.[11] 남성 피험자들이 일대일로 이른바 '숫자 추적 과제number tracking task'라는 퍼즐 게임을 벌였다. 그들은 같은 퍼즐을 푼다고 알고 있지만, 사실 각자 난이도가 다른 퍼즐을 받았기 때문에 승자와 패자는 처음부터 결정된 것이나 마찬가지였다.

연구자들은 피험자들이 게임을 하기 직전과 게임이 끝난 15분 후에 타액을 채취하여 테스토스테론의 양을 측정했다. 그리고 피험자들에게 동일한 상대와 다시 대결할 것인지, 대결 대신 음식이나 음악 등의 선호도를 묻는 설문조사에 응할 것인지 여부를 물었다. 실험 결과, 경쟁에서 진 피험자 중에서 테스토스테론이 증가한 사람은 테스토스테론이 감소한 사람보다 다시 대결을 벌이고 싶어 하는 경향을 더 많이 보였다. 경쟁에서 이긴 피험자는 테스토스테론의 변화가 재대결 결정에 영향을 끼치지 않았다. 이런 결과는, 지위를 상실한 다음에 테스토스테론의 변화를 살펴보면 향후 사회적 행동을 예측할 수 있다는 것을 보여 준다.

테스토스테론이 단지 공격성과 관련된 호르몬이 아니라 궁극적으로 사회적 지위나 서열을 높이려고 하는 동기와 관련이 더 깊다는 것을 보여 준 것은 이 실험의 성과라 할 수 있다.

코르티솔과 스트레스

위계 서열을 규제하는 호르몬이 테스토스테론만 있는 건 아니다. 코르티솔cortisol도 지위 서열이 바뀌는 상황이나 사건에 영향을 주는 호르몬이다. 말단 관리자는 고위 관리자에 비해 평상시 코르티솔 수치가 더 높다.[12] 사회경제적 지위가 낮은 사람은 그렇지 않은 사람보다 코르티솔 수치가 높게 나타난다. 스트레스를 더 많이 받고 있다는 이야기다.

코르티솔과 스트레스 사이의 인과관계가 아직 명확하게 규명되지는 않았다. 다만, 영장류학자 로버트 새폴스키Robert M. Sapolsky의 기념비적 연구에 힘입어 개코원숭이baboon의 스트레스 신경 체계에 대한 많은 것들이 알려졌다.[13] 신경과학 연구에 따르면, 뇌에서 스트레스 반응을 관장하는 것은 시상하부-뇌하수체-부신hypothalamic-pituitary-adrenal, HPA 축이다. 즉, 스트레스 요인이 발생한 것을 뇌가 인지하면 시상하부는 코르티솔 방출 인자cortisol releasing factor, CRF를 분비하고, CRF는 뇌하수체의 부신피질 자극 호르몬adrenocorticotropic hormone, ACTH의 분비를 자극한다. ACTH는 다시 부신에서 코르티솔 같은 당질 코르티코이드glucocorticoid의 분비량을 늘린다. 코르티솔을 스트레스 호르몬이라고도 부르는 이유는 바로 스트레스를 받으면 HPA 축을 통해 코르티솔이 분비되기 때문이다.

이렇게 분비된 코르티솔은 생존을 위협받는 스트레스 상황에서 매우 중요하다. 당장은 필요치 않은 성장이나 면역, 번식을 억제하면서 에너지를 긴급히 동원하고 심혈관계를 활성화시켜 적과 싸우거나 도망갈 수 있게 해 주기 때문이다. 그러나 과다한 코르티솔이 지속적으로 분비되면 당뇨, 근 질환, 고혈압, 면역 억제 등 다양한 질병의 원인이 된다.

새폴스키는 개코원숭이 무리를 대상으로 몇 년에 걸쳐 수컷들의 지배 서열을 관찰한 후 각 개체의 혈중 코르티솔 수치를 측정하는 연구를 실시했다. 서열이 낮은 개코원숭이들의 평소 혈중 코르티솔 수치가 서열이 높은 개체들에 비해 전반적으로 높게 나타났다. 서열이 낮은 수컷들은 스트레스에 노출되는 기회가 훨씬 많다. 예를 들어, 먹이를 먹을 때 우두머리 수컷이 방해하기도 하고, 우두머리에게 먹이를 바치려고 힘들게 땅을 파기도 한다. 위계 서열이 HPA 과활성과 관련이 있다는 것은 다른 영장류뿐만 아니라 설치류나 육식 동물도 마찬가지다.

그런데 동물의 사회적 서열이 그리 단순하지는 않다. 100여 마리쯤 되는 개코원숭이 집단의 사회적 서열은 세습되기도 하고, 때로는 유동적이기도 하다. 서로 경쟁적으로 취하려는 자원의 종류에 따라 서열이 달라질 수도 있다. 가령, 먹이를 두고 경쟁할 때와 짝짓기 경쟁을 할 때 서열이 서로 다른 경우도 있다.

하지만 대체로 서열상 밑바닥 존재들은 코르티솔 수치 증가, 고혈

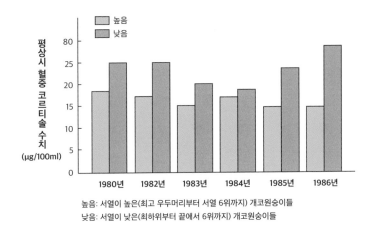

평상시 혈중 코르티솔 수치
(μg/100ml)

높음
낮음

80
25
20
15
10
5
0

1980년　1982년　1983년　1984년　1985년　1986년

높음: 서열이 높은(최고 우두머리부터 서열 6위까지) 개코원숭이들
낮음: 서열이 낮은(최하위부터 끝에서 6위까지) 개코원숭이들

12-1 서열이 낮은 개코원숭이의 평소 혈중 코르티솔 수치는 서열이 높은 개체에 비해 높게 나타났다. 코르티솔은 스트레스와 관련 있는 호르몬으로 알려져 있다.

압, 심혈관 질환, 테스토스테론 수치 저하, 상처 회복을 돕는 인슐린 유사 성장 인자 I insuline-like growth factor I, IGF-I의 수치 감소 등을 겪는다. 이런 현상은 여러 영장류는 물론, 쥐, 햄스터, 기니피그, 늑대, 토끼, 돼지, 심지어 물고기에게도 나타난다.

그렇다면 서열이 먼저일까, 생리적 차이가 먼저일까? 대체로 서열이 먼저 정해지고 그에 따라 독특한 스트레스 양상이 만들어진다고 알려져 있지만, 항상 그런 것도 아니다. 어떤 종에서는 하층 서열에 속하는 것이 별로 나쁘지 않을 수도 있으며 위로 오르기 위한 준비 단계일 수도 있다. 남아메리카의 마모셋원숭이가 대표적이다. 마모셋 원숭이는 소규모 친족 집단을 이루어 협력 양육을 하는데, 열위자는 우위자의 친족을 돌보면서 별다른 스트레스 없이 자기 차례를 기다린다.

들개와 난쟁이몽구스는 오히려 우위자의 스트레스가 더 심하다. 끊임없는 서열 경쟁을 통해 자기 자리를 지켜야 하는 경우가 많기 때문이다.[14] 따라서 여기서는 열위자의 스트레스 호르몬 수치가 증가하는 공통의 조건을 찾는 게 중요하다. 연구자들에 따르면, 열위자가 우위자에게 얼마나 자주 괴롭힘을 당하는지, 사회적 지원을 얼마나 받는지 등이 고통의 조건이다.[15] 그러니 고약한 상사한테 시달렸다면 후배들에게 가서 사회적 지원을 받는 게 좋다. 뒷담화 말이다!

수컷 개코원숭이의 경우, 열위자는 대개 코르티솔 수치가 높다. 하지만 심각한 가뭄이 들면 오히려 코르티솔 수치가 떨어진다. 우위자가 먹이 찾기에 급급해 열위자를 괴롭힐 여력이 없기 때문이다. 또한 사회적 서열이 불안정해지는 기간, 즉 지배 개체가 죽거나 막강한 외부자가 합류하거나 주축 네트워크가 붕괴될 때 우위자의 스트레스 지수는 더 높아진다. 즉, 열위자라고 해서 언제나 스트레스가 높은 것은 아니고 우위자라고 해서 언제나 스트레스가 낮은 것은 아니다. 사회적 서열이 복잡하고 역동적일수록 코르티솔 수치 역시 복잡하고 역동적으로 변한다고 해야 할 것이다.

스트레스와 사회경제적 지위의 관계

인간의 사회적 서열과 스트레스는 어떤 관계가 있을까? 인간의 사회적 서열이 다른 동물보다 훨씬 더 다층적이다. 어떤 사람이 직장에서는 신입 사원이지만, 사회인 야구 동아리에서는 주장이고, 집안에서는 막내이며, 고등학교 동창회의 회장일 수 있다. 그 사람이 사회적 서열에서 열위자인지 우위자인지 확정 짓기란 쉽지 않다. 전 분야에서 고르게 꼴찌인 경우는 드물기 때문이다.

이런 당혹스러운 상황에서 연구자들은 신체적·정신적 스트레스와 직접 연관이 있는 주요 요인을 찾아냈다. 바로 가난이다. 가난이 신체적 고통을 가져온다는 것은 말할 필요도 없지만, 가난 때문에 예측 가능성과 통제 능력의 결여, 사회적 지원의 부족 등으로부터 오는 심리적 스트레스를 동반한다는 점 또한 중요하다. 가난한 사람들은 자원을 비축할 여력이 없기 때문에 미래를 예측하거나 통제할 능력이 별로 없다. 게다가 장시간 노동에 시달리므로 가족이나 친지들로부터 사회적 지원을 받을 시간도 부족하다.

연구자들은 가난을 나타내는 지표에 '사회경제적 지위socioeconomic status, 이하 SES'■라는 이름을 붙였고 SES와 스트레스의 관계를 탐구했다. 그런데 이 관계는 대부분 부적負的 상관관계로 판명이 났다. 즉, SES가 낮을수록 스트레스 호르몬의 수치는 올라간다는 것이다. 예컨대 몬트리올처럼 안정적이고 범죄율이 낮은 곳에서도 SES가 낮은 6~8세 아이들은 나이가 들수록 코르티솔 수치가 증가하는 경향을 보였고, 10세에 이르면 SES가 낮은 아이들은 가장 높은 아이들보다 스트레스 호르몬 수치가 평균 두 배가량 높았다.[16]

더욱 흥미로운 사실은 인생 초기의 SES가 상당히 막강한 영향력을 끼친다는 점이다. 이 상관성을 밝힌 대표적인 연구로 수녀를 추적 조

■ 이 지표는 대개 대상자의 수입, 직업, 주거 환경, 학력의 조합으로 측정된다.

사한 것이 있다. 수녀가 되기 전의 SES가 치매를 포함한 질병과 수명에 어떤 영향을 끼치는지 연구했다. 연구 대상자들은 젊었을 때 수녀가 되었기에 식사, 건강관리, 주거 환경이 비슷했다. 그런데 모든 변인을 고려한 결과, 건강과 직결된 단 한 가지 변인이 있었으니, 바로 수녀가 되기 전 그들의 SES였다.[17] 가난을 겪은 게 스트레스의 원흉이었던 것이다.

상대적 빈곤을 느낄 때도 스트레스가 증가할까? 연구자들은 피험자가 자신의 경제 상태를 어떻게 생각하는지 표시하게 한 후(통상적으로 사다리를 그려 놓고 자신의 위치를 표시하게 한다.), 이것이 피험자의 건강 지표와 어떤 관계가 있는지 분석했다. 그 결과, 주관적인 SES가 건강 지표에 주요 예측 요인으로 작용한다는 사실이 나타났다.[18] 객관적인 빈곤 못지않게 상대적 박탈감 같은 주관적인 가난도 스트레스와 정적 상관관계를 갖고 있다는 사실이 밝혀진 것이다. 이것은 비교 본능과 관계 있다. 수렵채집 시절의 비교 대상은 고작해야 수십 명도 안 되었지만, 지금은 전혀 모르는 사람들에게도 스트레스를 받을 수 있다. 먼발치에서 좋아하던 프로 운동선수의 연봉이 수백억이라는 사실을 듣는 순간, 사람들은 깊이 좌절하고 코르티솔 수치가 올라가기도 한다. 자신의 SES에 그다지 문제가 없는데도 말이다.

스스로를 가난하다고 생각하는 경향은 한 사회의 소득 불평등과 관련이 깊다. 부자와 가난한 자의 격차가 큰 사회일수록 제한된 자원이 한쪽으로 몰리기 때문에 사람들 사이의 신뢰, 호혜성, 친절, 공동의 목표 지향성이 낮아진다. 전체 100에서 소수가 80을 갖고 나머지 사람들이 20을 나눠야 하는 상황을 생각해 보라. 더구나 이런 불균형 상황을 나머지 사람들 모두 알고 있다고 해 보자. 인간의 비교 본능은 폭발한다.■ 물론 이런 사회일수록 필요할 때 끌어들일 만한 '사회적 자본'의 규모도 작을 수밖에 없다.[19]■■ 이때 사회적 지원을 충분히 받지 못하는 개체는, 개코원숭이든 사람이든, 코르티솔이 과다하게 분비된다.

사회적 서열의 기원

스트레스의 첫째 요인은 소득 불평등이라고 할 수 있다. 그렇다면 원래부터 사회가 이랬을까? 계몽주의 사상가 장 자크 루소Jean Jacques Rousseau는 저서 《인간 불평등 기원론 *Discours sur l'origine et les fondements de l'inégalité parmi les hommes*》에서 사유재산 제도 때문에 인간의 불평등이 비롯되었다고 주장한다. 신체적 욕구를 채우는 데 급급했던 자연 상태의 인간이 자원을 사유화하면서 비극이 시작되었다는 이야기다.

호모 사피엔스의 사회·정치 구조를 연구해 온 인류학자 크리스토퍼 보엠Christopher Boehm은 루소의 이런 주장을 뒷받침할 만한 연구 결과를 내놓았다(이것이 바로 앞에서 언급했던 '궁극적 설명'에 해당한

■ 우리는 이미 인간의 공정성 수준이 침팬지나 다른 원숭이들에 비해 훨씬 더 높다는 사실을 알고 있다. 〈03 배려〉를 참조할 것.

■■ 사회적 자본을 측정하는 질문은 다양하다. 가령, "남들이 기회만 되면 당신을 이용하려 들 것이라 생각하는가, 아니면 공정하게 대할 것이라 생각하는가?", 또는 "얼마나 많은 단체에 소속되어 있는가?" 그리고 지역 사회의 투표율을 조사하기도 한다.

다.). 보엠에 따르면, 대략 20만 년 전부터 1만 년 전까지 인류의 조상들은 지금과는 전혀 다른, 평등한 정치 제도를 갖고 있었다. 600만 년 전쯤에 인간과 갈라져 나온 침팬지 사회는 물리력에 근거한 지배 서열을 지금까지 간직해 온 반면, 인간은 80만 년 전쯤에 불을 이용하고 통제하면서, 그리고 20만 년 전쯤부터 치명적인 사냥 도구를 만들면서, 새로운 정치 체제를 갖추어 나갔다.

우선, 다른 종에서도 흔하게 볼 수 있는 집단 사냥을 가지고 이야기해 보자. 동물의 집단 사냥에는 공정함이 별로 필요치 않다. 함께 사냥하고, 대개 그 자리에서 동료와 같이 먹는다. 물론 서로 빨리 많이 먹으려고 경쟁하지만, 이것을 조율하는 것이 바로 지배 서열이다. 우위자는 열위자의 월권만 막으면 된다.

반면, 인간의 사냥과 분배는 달랐다. 그들은 함께 사냥을 했지만 먹잇감을 그 자리에서 먹지 않았다. 중심지로 가져와서 공동으로 나눈 후에 먹었다. 불을 통제했기에 가능한 일이었다. 물론 사냥의 일등 공신이나 무리의 우두머리는 강력한 권력을 휘두르고 싶어 했을 것이다. 하지만 그랬다가는 무리에서 쫓겨나기 십상이다. 왜냐하면 모든 사람의 손에 직접 만든 치명적 무기가 들려 있었기 때문이다. 보엠은 이를 '역 지배 위계reverse dominance hierarchy'라 부른다.[20] 모든 사람에게 무기가 있으니 힘으로 억누르는 독재는 불가능했다.

하지만 농경 생활을 시작하면서 모든 것이 흐트러졌다. 농경은 잉여를 만들어 냈고, 그 잉여는 초기 농경 사회에서 우위를 점한 소수에 편중되었다. 편중된 잉여 자원은 계층 간의 골을 더욱 깊게 만들었다. 힘에 의한 지배를 막았던 치명적 무기는 우위자만을 위한 법규

와 제도 앞에 무기력해졌다. 다시 침팬지의 지배 서열 사회로 회귀한 것이다.[21]

농경 시대 이후 인류는 사회·정치적 체제를 통해 불평등을 더욱 공고히 다져 왔다. 다시 평등의 세계로 나아가려는 염원은 최근 몇 세기 전부터 비로소 불타오르기 시작했다. 하지만 농경 사회가 만들어 낸 불평등의 관성은 여전히 막강하다. 과연 금수저의 멸절을 목도하는 날이 오기는 할까?

13 동조

예스맨의 탄생

19 17년, 프랑스의 어느 예술가가 시장에서 남성용 소변기를 사와 '리처드 머트Richard Mutt'라고 서명한 후 공모전에 출품했다. 이 '작품'의 제목은 〈샘Fontaine〉이었다. 물론 당선작으로 뽑히지는 않았지만, 이것은 현대 미술에서 '레디메이드readymade'라는 새로운 개념의 탄생을 알리는 엄청난 사건이었다. 이 작품에 서명한 사람은 현대 미술을 새로운 차원으로 이끌었다고 평가받는 마르셀 뒤샹Marcel Duchamp이다.

예술적 가치와 집단적 권위

현대 미술에 사전 지식이 전혀 없는 사람에게 뒤샹의 〈샘〉을 위대한 작품이라고 소개했다면, 분명히 "농담하지 말라."는 대답이 돌아올 것이다. 공산품에 불과한 소변기를 하나 사서 거기에 서명을 한 다음에 전시한 것이 어찌 예술이 된단 말인가? 뒤샹을 비롯해 현대 미술가의 작품을 난생 '처음' 접하는 사람들 중에 고개를 끄덕일 사람은 많지 않을 것이다.

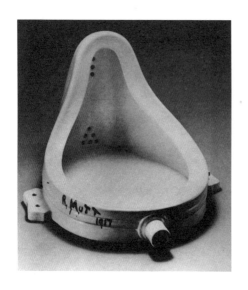

13-1 마르셀 뒤샹의 〈샘〉. 전문가의 판단을 접하기 전에도 위대한 작품이라고 여겼을까?

　그런데 현대 미술사를 공부한 사람이 있다고 해 보자. 그 사람이 뒤샹에 관해서 좀 더 자세히 찾아보고, 미술사 다큐멘터리까지 시청했다고 하자. 게다가 주변에 예술에 관한 한 한 가닥 한다는 사람들이 죄다 뒤샹을 대가로 취급한다. 아니, 나를 제외한 다수의 일반인들이 그를 칭송한다고 해 보자. 이제 그 사람에게 뒤샹의 변기는 그냥 변기일까?

　자신의 미적 가치가 타인의 가치 판단에 영향을 받아 심하게 흔들리는 사례는 쌔고 쌨다. 지루하기 짝이 없던 소설이 알고 보니 노벨문학상 수상자의 작품이었다. 갑자기 그 소설이 심오해진다. 각자 스스로 판단을 내려도 되지만, '전문가'가 등장하는 순간, 사람들은 그 전문가에게 자신의 판단을 양도할 준비를 한다. 이런 맥락에서 〈개그콘서트〉에서 한때 인기를 끌었던 김병만의 '달인' 코너가 웃음을 줬던 것은 다 이유가 있다. 판단을 양도할 준비가 되어 있는데도 달인에게서는 도저히 권위를 찾을 수 없었기 때문이다. 각종 TV 교양 프로그램에서 별다른 역할을 하지 않더라도 꼭 전문가를 패널로 앉혀 놓으려는 이유도 마찬가지다. 전문가가 나오면 시청자의 동의를 이끌어내기 쉽다. 특히 예술처럼 가치 판단이 강하게 개입되는 경우라면 타인의 생각과 행동이 끼치는 영향력 역시 그만큼 막강해진다(미적 가치 판단이 전적으로 주관적이라는 이야기는 아니다. 요점은 그런 판단이 타인으로부터 영향을 받는다는 것이다.).

세 시를 네 시라고 우기기

명명백백한 사실일 경우도 타인의 영향력이 크게 작용할까? 극단적인 예를 들어 보자. 벽시계의 시침과 분침이 세 시를 가리키는데, 주변에 있는 다른 사람들이 모두 네 시라고 우긴다면, 당신은 어떤 반응을 보일까? 세 시를 고수할까, 아니면 잘못 보았다며 네 시라고 정정할까?

1950년대에 미국 하버드 대학교의 심리학자 솔로몬 애쉬Solomon Asch는 사람들이 타인의 판단에 얼마나 큰 영향을 받는지 알아보는 실험을 실시했다.[1] 애쉬는 실험 참가자들을 모집했다. 6~8명의 참가자가 방에 함께 앉아 있으면 실험자가 등장해 참가자 전원에게 흰색 카드 두 장을 보여 준다. 카드 한 장에는 검은색 세로선이 그어져 있고, 다른 카드에는 길이가 다른 세로선(A, B, C)이 세 개 있다. 이때 참

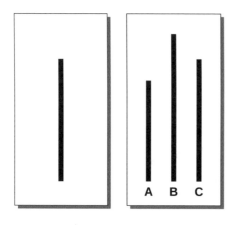

13-2 솔로몬 애쉬의 동조 실험에 사용된 카드. 인간의 동조 본능을 확인한 실험이다.

가자는 한쪽 카드의 선 길이와 동일한 선을 다른 쪽 카드에서 알아맞혀야 한다. 전혀 어렵지 않은 과제다. 처음 4회 동안 참가자들이 돌아가면서 일치하는 선을 맞혔고 별다른 일이 벌어지지 않았다.

하지만 나머지 12회 동안 아주 흥미로운 광경이 펼쳐졌다. 한 명을 제외한 다른 모든 참가자가 전혀 다른 길이의 선을 정답이라고 주장했다. 당연히 틀린 답이었다. 그 한 명은 당황하기 시작했다. 과연 그는 자기가 본 대로 정답을 이야기할까, 아니면 틀린 답인 줄 알면서도 대세를 따를까? 사실, 이 실험은 참가자 가운데 한 명만 실험 대상이었고, 나머지는 애쉬의 조교들이었다. 집단의 압력을 받으면 개인의 판단이 어떻게 왜곡되는지 알아보려는 실험이었다.

실험 결과는 충격적이었다. 연구자들은 선의 길이를 비교하는 게 너무 수월한 과제여서 피험자가 집단의 압력에 굴복해 오답을 내놓는 경우는 극히 드물 것이라고 예상했다. 하지만 뚜껑을 열어 보니, 가짜 참가자인 조교들이 똑같은 오답을 앵무새처럼 되풀이하니까 피험자들의 76퍼센트가량이 적어도 한 번은 그 오답에 동조했다. 전체적으로 피험자가 가짜 참가자들에게 넘어간 경우는 매회 평균 35퍼센트나 되었다.

모두가 우기면 넘어온다

이처럼 다른 이들이 우긴다고 줏대 없이 자기 입장을 바꾸는 것을 사회심리학에서는 '동조conformity'라고 한다. 엄밀히 말해 동조는 "어떤 특정인이나 집단으로부터 실제 또는 가상의 압력을 받아서 자기 자신의 행동이나 의견을 바꾸는 것"이다. 애쉬의 실험을 시작으로 인간의 동조 본능을 다룬 후속 연구가 봇물처럼 쏟아져 나왔다. 그중에서 미국 대학생들에게 미국인의 삶에 관한 정보의 진위 여부를 판단하게 하는 실험이 있다. 피험자가 혼자 대답하는 조건(첫째 조건)과 다른 참가자들의 대답을 듣고 난 후에 피험자가 대답하는 조건(둘째 조건)으로 나누어 양쪽의 차이를 포착하고자 했다. 가령, "미국인의 대다수가 하루에 여섯 끼를 먹고 네다섯 시간만 잔다." 또는 "남자아이의 기대 수명은 25년이다."처럼 명백한 거짓 문장들을 둘째 조건의 피험자들은 참이라고 동조했다. 심지어 동조에 따른 판단이 전적으로 자신의 판단이라고 진술하는 피험자도 적지 않았다.[2]

이쯤 되면 도대체 이 실험이 언제 실시된 것인지 묻는 사람도 있을 것이다. 어쩌면 1950~60년대에 실시한 이 실험 결과에 당시 미국 사회의 집단주의적 성향과 제2차 세계 대전 이후의 냉전 분위기가 반영되었다고 여길지도 모르겠다. 1950년대 미국의 집단주의적 반공 사상인 이른바 '매카시즘McCarthyism'을 떠올려 보라.

독립성과 자율성이 바람직한 가치로 확고하게 자리 잡은 현대 사회에서도 애쉬가 밝혀낸 동조 현상이 여전히 작용하고 있을까? 한국, 일본, 중국처럼 집단주의 문화의 영향권에 있는 사람들은 개인주의 성향이 강한 서구인보다 동조 경향이 더 강할까? 이런 질문들은 동조 현상의 역사성과 문화적 측면에 관한 것들이다. 총 17개 나라에서 시행한, 애쉬의 연구와 비슷한 논문 133편을 메타 분석한 결과, 집단주의 문화권에서 동조 현상이 더 강하게 나타나고 서구 사회에서는 갈수록 약화되었다.[3] 인간의 동조 본능도 사회·문화적 영향을 받는다는 뜻이다.

그렇다면 집단의 압력에 동조할 때 뇌에서는 어떤 일이 벌어질까? 피험자를 fMRI 장치에 넣은 다음, 다른 참가자들의 결정을 보여 주면서 집단의 압력을 가한 경우에 자신의 판단을 지킨 피험자와 동조한 피험자의 뇌 활성 패턴을 비교해 보았다.[4] 그 결과, 동조자는 고통과 불편한 감정에 관여하는 편도체의 활동이 비동조자에 비해 상대적으로 매우 활발했다. 집단의 압력 때문에 마음이 편하지 않았다는 뜻이다.

동조 현상이 생기는 이유

사람들이 불편한 감정을 감수하면서까지 타인에게 동조하는 이유는 무엇일까? 애쉬의 실험에서 타인에게 동조한 피험자는 타인의 판단이 '진짜' 옳다고 여겼을까? 그렇지는 않았을 것 같다. 선의 길이만큼 객관적인 측정값이 또 있을까! 실제로 실험 후 인터뷰를 해 보면 피험자들은 거의 모두 자신이 동조한 답이 오답이라는 것을 알고 있었다. 그렇다면 동조한 이유는 무엇일까?

크게 두 가지로 구분할 수 있다. 첫째, 집단에서 배척당할 수도 있다는 두려움 때문이다. 이를 '규범적 영향'이라 한다. 다른 구성원들에게 왕따를 당하는 것보다 자신의 (옳은) 신념을 숨기는 편이 더 낫다고 생각한다. 비굴해지는 기분이 들겠지만, 아예 배척당할 때의 고통이 더 크다고 여기면 동조 행위가 일어난다. 이런 맥락에서 동조는 사회적 고통이 비굴함을 이긴 경우라 할 수 있다. 질문이 있어도 다른 친구들이 눈치를 줄까 봐 수업이 끝날 때까지 기다렸다가 쉬는 시간에 선생님에게 묻는 학생도, 상사의 판단이 틀렸다는 사실을 알지만 예스맨으로 살아가는 직장인도 모두 비굴함과 사회적 고통 사이에서 저울질하다가 동조를 선택한 사람들이다.

하지만 동조 행위가 늘 일어나는 건 아니다. 너무 비굴해지면 자존감마저 내려앉아 생존에 불리해지기 때문이다. 천성적으로 독립성이 강해 주변 의견에 쉽사리 동조하지 않는 사람들도 있다. 비리로 얼룩진 집단의 내부 고발자처럼 소속 집단에서 배척당하는 것을 두려워하지 않고 커밍아웃하는 용감한 사람도 있고, 그저 튀는 것 자체를 좋아하는 사람도 있다. 중요한 것은 동조하든 그렇지 않든 이 모든 행위가 사회적 행위라는 사실이다. 어떤 집단에 쉽게 동조하지 않는 사람들조차 자기 소신을 지키는 것이 다른 집단(가상의 집단일 수도 있다.)에 동조하는 행위라고 봐야 한다. 인간은 어느 누구도 홀로 존재할 수 없는 초사회적 영장류이기 때문이다.

둘째, 타인에게 동조하는 또 다른 이유는 다수의 의견이 자신의 견해보다 더 나을 것이라는 믿음 때문이다. 이를 '정보적 영향'이라 한다. 사람들은 대개 남의 지식을 과대평가하는 경향이 있다. 이것 또한 유일하게 문명을 축적해 온 초사회적 영장류가 사회에 적응해 가는 전략의 일환이다. 타인들에게 얻은 지식 중에 설령 사실이 아닌 것이 있다 하더라도, 타인이 지닌 지식의 가치를 자신의 것보다 더 높게 평가할 경우 유용한 지식을 많이 배울 개연성이 높아지기 때문이다.

인간의 동조 본능은 양면을 지닌 사회성이다. 사람을 비굴하게 만들기도 하고 사회적 학습을 촉진시키기도 하니까 말이다.

"임금님은 벌거벗었다"고 말할 수 있으려면?

동조 현상의 빈도를 증가시키거나 감소시키는 변인에는 무엇이 있을까? 지금까지 언급한 동조 실험의 주요 변인은 주변 사람들의 의견이 전부 같거나 한쪽으로 몰리는 경우였다. 애쉬는 애초의 실험을 약간 변형함으로써 동조를 감소시키는 변인을 찾아냈다. 가짜 참가자들 사이에 정답을 이야기하는 사람을 한 명 투입한 것이다. 그랬더니 피험자의 동조 빈도가 첫 실험 때의 75퍼센트까지 줄어들었다. 다음에는 새로 투입된 참가자가 다른 사람들이 말하는 다수의 오답이 아닌 제3의 오답을 말하게 했다. 이 경우에도 피험자가 다수의 답에 동조를 보이는 확률이 상당히 낮아졌다.[5] 즉, 다수의 의견 중에 이탈자가 단 한 사람만 있어도 피험자가 느끼는 집단의 압력이 줄어든다. 반면 가짜 참가자들의 의견이 만장일치일 때 집단의 규모와 상관없이 압력이 강하게 작용했다.[6] 동조 본능은 획일적인 집단에서 새로운 가치가 피어나기 힘들다는 사실을 다시 한 번 입증해 준다. 뒤집어 생각해 볼 수도 있다. 집단 내에서 새로운 생각이 싹트게 하려면 어떤 의견이 됐든 주류와 다른 의견을 투입하면 된다는 흥미로운 사실도 알려 준다.

동조를 유발하는 또 다른 변인은 해당 집단이 어떤 사람들로 구성되었느냐 하는 문제와 관련이 있다. 집단이 전문가나 권위를 가진 사람으로 구성되어 있으면 동조 현상이 더 쉽게 일어난다. 예컨대, 도움을 청할 때도 요청하는 사람이 민간인 복장을 했을 때보다 전문가 집단을 표상하는 제복을 입었을 경우에 더 많은 도움을 이끌어 낸다. 자식들이 아무리 아우성을 쳐도 꿈쩍 안 하던 부모가 TV에 나온 교육 전문가의 설명에는 금세 고개를 끄덕이는 것도 같은 이치다.

14 테러

그들은 정신 이상자가 아니다

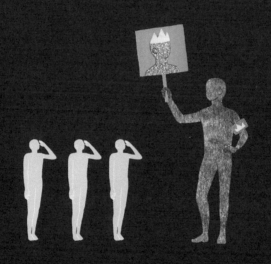

현재 전 세계에서 자살 폭탄 테러는 얼마나 자주 일어날까? 수니파 무장 조직 '이슬람국가Islamic State, IS'와 연계된 아마크 통신에 따르면, 2016년 상반기에 IS가 저지른 자살 폭탄 테러는 월평균 100건에 이른다. 미국 국무부는 2015년 IS를 비롯한 전 세계 테러 조직이 벌인 자살 폭탄 테러가 총 726건으로, 월평균 60건 정도라고 발표했다. 2015년 글로벌 테러리즘 지수Global Terrorism Index에 따르면, 자살 테러로 인한 사망자 수는 2000년 3,329명에서 2014년에 3만 2685명으로 21세기에 들어 거의 열 배나 증가했다. 특히 최근 2013년부터 2014년 사이에 80퍼센트가량 급증했다.[1]

2016년 7월 3일에도 이라크 바그다드 번화가에서 300명 이상의 사상자를 낸 대규모 자살 폭탄 테러가 발생했다. 중동에서만 일어나는 비극이 아니다. 2015년 11월 13일에는 프랑스 파리의 공연장과 축구장 등 여섯 곳에서 자살 폭탄 테러와 총기 난사 테러가 동시다발적으로 발생해 130여 명의 목숨을 앗아 갔다. IS는 자신들이 기획하고 프랑스 현지 대원이 실행에 옮긴 테러라고 발표했다.

테러 조직원들은 대체 어떤 존재이기에 무고한 사람들을 이렇게 무자비하게 살해하는가? 테러 집단의 어떤 목소리가 전 세계의 '외로운 늑대Lone Wolf(전문 테러 집단의 조직원이 아닌 자생적 테러리스트)'를 부추기는가? 대체 어떤 사람들이 이런 조직을 따르고 있는가? 이런 질문들은 심리학자뿐 아니라 모두가 생각해 봐야 할 문제다. 지금 이 순간에도 전 세계는 테러와 전쟁을 벌이고 있으며 어느 누구도 그 영향에서 벗어나기 어렵기 때문이다.

자살 테러범, 그들은 누구인가?

오래된 첩보 영화를 보면 범인 알아맞히기는 식은 죽 먹기다. 일단 험상궂게 생겼고, 정신 질환자일 가능성이 크고, 늘 분노에 차 있으며, 동정심이라곤 손톱만큼도 없다. 누가 봐도 범인처럼 보인다. 미디어 때문에 범인의 전형성이 이렇게 각인되어서 그런지, 사람들은 자살 테러범에 대해서도 비슷한 이미지를 떠올린다. 광신도이거나, 정신이상자, 교육받지 못한 무식쟁이, 복수 열망에만 사로잡힌 냉혈한, ……. 하지만 테러범에게 실제로 이런 표지가 있다면, 자살 테러가 이처럼 점점 증가하지 않았을 것이다.

진화인류학자 스콧 애트런Scott Atran은 "자살 테러범은 정신 질환자도, 광신도도, 무식쟁이도 아니"라고 단언한다. 애트런은 몇 차례의 살해 위협까지 무릅쓰며 지난 10여 년 동안 인도네시아, 카슈미르, 팔레스타인 가자 지구 등을 누비며 자살 테러범과 그의 가족, 동료, 그리고 피해자 가족을 심층 인터뷰하면서 연구를 진행해 왔다. 그런데 애트런이 자살 테러범에 관해 내린 결론은 사뭇 충격적이다. "그들은 평범한 사람들이었다."[2]

순교를 부추기는 광경 또한 곳곳에 널려 있었다. 순교자를 칭송하는 포스터가 사방에 붙어 있고, 그런 내용을 담은 노래도 주위에 울려 퍼졌다. 팔레스타인 조사연구센터가 실시한 설문 조사 결과에 따르면, 2001년 4월 무렵에 팔레스타인 국민의 자살 테러 지지율은 무려 70퍼센트가 넘었다. 애트런의 자체 조사 결과는 더욱 충격적이다. 자살 테러를 지지하는 계층은 무장 단체뿐만 아니라 엘리트 계층을 포함한 평범한 주민들이었다. 의사, 변호사, 교사 같은 전문직, 가정주부, 심지어 국제기구에서 일하는 평화주의자까지 거의 대부분의 팔레스타인인이 자살 테러를 순교 행위로 떠받들고 지지했다.[3]

이렇게 자살 테러를 숭고한 행위로 받아들이는 환경에서 자생적 테러리스트가 생겨나는 게 그다지 어려운 일도 아닌 듯하다. 애트런이 심층 인터뷰한 자살 테러범의 부모는 아들이 장학생으로 영국에 유학까지 다녀왔을 정도로 인생을 진지하게 살아왔던 모범생이었다고 했다. 하지만 그런 자랑스러운 아들이 자살 테러를 저지른 이유가 뭐냐고 묻자, 사촌과 동료들을 위해 기꺼이 목숨을 바친 것이라고 대답했다. 실제로 그에게는 무장 단체 하마스HAMAS 소속이었다가 얼마 전에 사망한 사촌들이 있었다.[4] 멀쩡하던 대학생 청년이 단 몇 주만에 자살 테러범으로 돌변한 사례도 적지 않았다.

주변 사람들의 증언을 토대로 자살 테러범을 체계적으로 분석한 한 연구에 따르면,[5] 자살 테러범 34명 중에 무식쟁이는 없었다. 오히려 팔레스타인 교육 수준의 평균을 웃돌았다. 경제적으로 극빈층이나 빈곤층에 해당하는 사람은 12명이었고, 나머지는 중하층 이상이었다. 피해를 당한 경험을 조사해 봐도 평범한 팔레스타인 사람들보다 특이한 점은 발견되지 않았다. 가령, 친구나 가족을 잃은 사람이 16명, 자신이 직접 부상을 당하거나 폭행을 당한 사람이 16명, 이스라엘 교도소에 수감된 경험이 있는 사람이 18명이었다. 종교적 측면을 봐도 23명 정도가 자기 종교에 헌신적이라고 답했지만 이것도 특이한 경우가 아니다. 정신건강 면에서도 별다른 징후는 없었다. 34명 중에 우울증 또는 조현병 같은 증상을 겪었거나 개인 범죄에 가담했던 사람은 단 한 명도 없었다. 기혼자는 3명뿐이었다. 30년 동안 테러와 정치 폭력을 연구해 온 이 분야 최고의 권위자가 내린 결론은, 끔찍한 살상의 원흉들이 대개 평범한 청년들이었다는 사실이다. 이렇게 평범한 청년들이 어떻게 해서 극단적 테러리스트가 되었을까?

비합리적 권위에 대한 복종

평범한 사람이 자살 테러범으로 돌변하는 현상과 관련이 있는 고전적 심리 실험이 있다. 당신과 홍길동이 함께 실험에 참여한다고 해보자. 둘은 서로 모르는 사이다. 당신은 호수, 태양, 나무, 웃음, 아이 등등의 단어를 홍길동에게 읽어 준다. 그러면 옆방의 전기의자에 앉아 있는 홍길동이 그대로 따라 말하면 되는 간단한 실험이다. 홍길동이 실수를 하면 당신은 감독자의 지시대로 15볼트, 30볼트, 45볼트, …… 이렇게 강도를 높여 가며 그에게 전기 충격을 가해야 한다. 전압 다이얼의 끝에는 '450볼트(치명적)'라고 적혀 있다.

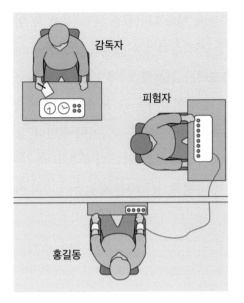

14-1 밀그램의 실험. 피험자는 감독자의 지시에 따라 홍길동에게 전기 충격을 가해야 한다. 전기 충격은 가짜고 홍길동은 연기를 하지만 피험자는 이 사실을 모른다. 감독자는 점점 높은 강도의 전기 충격을 지시한다. 피험자들은 감독자의 지시를 거부하고 학생을 지켜 냈을까?

감독자

피험자

홍길동

홍길동이 첫 번째 실수를 한다. 당신은 다이얼을 돌려 15볼트에 맞춘다. 미세한 신음 소리가 들려오긴 하지만 별로 걱정되지는 않는다 (당신은 옆방에 있는 홍길동을 볼 수는 없지만 그의 소리는 들을 수 있다.). 하지만 실수가 계속되니 상황이 달라진다. 30볼트, 45볼트, 60볼트로 다이얼을 돌리는 당신의 손가락이 떨리기 시작한다. '제발 정신 좀 똑바로 차려. 또 틀리면 나보고 어쩌라고!' 마음속으로 이런 응원의 메시지를 보내도 홍길동은 실수를 거듭한다. 급기야 115볼트까지 왔다. 그의 비명 소리가 귀를 찌른다. 지금부터가 중요하다. 실험을 중지하자는 당신에게 감독자는 확신에 찬 어조로 이렇게 말한다. "홍길동에게 영구적인 조직 손상은 없을 테니 실험을 계속하시오."

이 순간 당신은 어떻게 행동하겠는가? 실험실을 뛰쳐나갈 것인가, 아니면 감독자의 명령에 복종해 계속 다이얼을 돌릴 것인가? 엽기적으로까지 보이는 이 실험은 사회심리학자 스탠리 밀그램Stanley Milgram이 1961년에 예일 대학교에서 실시했다. 역사적으로 유명한 심리 실험 중 하나다.[6] 사람에게 해를 입혀서는 안 될 테니 이 실험에는 뭔가 속임수가 있어야 한다. 비밀은 홍길동과 감독자에게 있다. 홍길동에게는 실제로 전기 충격이 가해지지 않았다. 옆방에서 뛰어난 목소리 연기를 펼쳤을 뿐이다. 다시 말해, 감독자와 홍길동이 미리 짜고 당신을 상대로 '몰카'를 찍은 셈이다. 1960년대니까 가능했던 실험이다. 지금은 피험자에게 정신적 피해를 주는 실험은 연구 윤리상 금지되어 있다.

밀그램은 이 실험을 통해 권위에 복종하는 인간의 본성을 탐구하고자 했다. 사실, 그가 진정 알고 싶었던 것은 바로 다음과 같은 질문이었다. '멀쩡해 보이는 나치 장교들이 왜 끔찍한 대량 학살에 가담했을까?', '나치의 대량 학살에 동원된 독일인들은 본래부터 나쁜 사람이었을까?' 그게 아니라면 그들이 자란 환경의 영향을 받아 심성이 나빠졌을 가능성도 있다. 하지만 밀그램은 다른 가설을 세웠다. 이 실험은 '평범한' 사람들도 특수한 '상황'에서 보편적 도덕규범과 이성적 판단을 무시하고 특정 권위를 좇아 끔찍한 행위에 가담할 수 있다는 것을 보여 주었다. 실제로 다양한 피험자를 대상으로 한 실험에서 '치명적' 전압 버튼을 누른 사람이 65퍼센트나 나왔다. 평범한 사람도 언젠가는 비합리적 권위에 복종할 수 있다는 이야기다.

완장을 차면 달라진다

1971년 사회심리학자 필립 짐바르도Philip Zimbardo의 이른바 '스탠퍼드 감옥 실험'은 평범함이 끔찍함으로 돌변하는 것을 가장 드라마틱하게 보여 준 실험 연구다.[7] 짐바르도는 심신이 건강한 남자 대학생 24명을 선발해 무작위로 반을 나눈 후에 한쪽에는 교도관 역할을, 다른 쪽에는 죄수 역할을 맡겼다. 이를 위해 스탠퍼드 대학교 심리학과 건물 지하에 실제 감옥과 유사한 모의 감옥을 만들었다. 짐바르도는 교도관과 죄수 역할을 맡은 사람들에게 실제처럼 하라고 지시했다. 예컨대, 죄수는 발에 쇠사슬을 채우고 번호로만 불렸으며, 교도관은 선글라스를 쓰고 곤봉을 차고 다니게 했다. 제도적 권위는 인간의 개인 심리에 얼마나 영향을 끼칠까? 짐바르도의 관심사가 바로 그것이었다.

애초의 계획은 실험을 2주 동안 진행하면서 생기는 변화를 관찰하려고 했다. 하지만 실험은 6일 만에 강제 종료되었다. 완장을 찬 학생들 중 3분의 1이 죄수들을 괴롭히며 모멸감을 줬고, 죄수들 역시 교도관들의 강압적 지시에 복종하면서 우울증과 신경증 증세가 나타났기 때문이다. 실험을 계속 진행하면 끔찍한 사고가 터질 만한 상황이었다. 죄수를 끔찍하게 학대했던 참가자들을 2개월 후에 만나 인터뷰했다. 그들은 하나같이 "내가 그렇게 악랄한 행동을 아무 죄책감 없이 자행했다니 너무 놀라운 일이며 그 때문에 아직도 혼란스럽다."라고 답했다.[8] 짐바르도의 역사적인 실험은 개인의 성격이 고정된 것이 아니라 제도가 부여하는 권위에 따라 역동적으로 변할 수 있다는 사

실을 보여 주었다. 짐바르도는 이런 현상을 '루시퍼 효과Lucifer effect'
라고 이름 붙였다.[9]

루시퍼 효과가 실험실에서만 일어나는 것은 아니다. 2004년 4월
28일, 이라크 아부그라이브 교도소에서 촬영된 몇 장의 사진 때문에
전 세계가 경악했다. 그 사진에는 벌거벗은 이라크 포로들 옆에 웃고
있는 미군 병사의 모습과, 심지어 벌거벗은 포로의 목에 가죽 끈을
묶어 질질 끌고 다니는 여군의 모습도 담겨 있었다. 이런 변태 같은
행위를 담은 사진이 전 세계 언론에 뿌려지자 미군 가해자 11명이 군
법회의에 회부되었고 실형을 선고받았다. 그 후 가해자들을 대상으
로 심리 조사에 실시했더니, 그들 역시 평범한 미국 시민이었다! 짐
바르도와 밀그램이 보여 준 것처럼, 집단의 상황이 개인의 성격을 압
도하는 힘을 가지고 있다면, 이런 사례에 어떤 처벌을 내려야 하는지
더 깊은 논의가 필요한 대목이다.

소설가 윤흥길의 《완장》을 보면 루시퍼 효과가 잘 묘사되어 있다.

완장은 대개 머슴 푼수이거나 기껏 높아 봤자 마름에 지나지 않았다. 그
런데도 완장은 제가 무슨 하늘 같은 벼슬이나 딴 줄 알고 살판이 나서 신
이야 넋이야 휘젓고 다니기 버릇했다. 마냥 휘젓고 다니는 데 일단 재미
를 붙이고 나면 완장은 대개 뒷전에 숨은 만석꾼의 권세가 원래부터 제
것이었던 양, 바로 만석꾼 본인인 양 얼토당토않은 착각에 빠지기 십상이
었다.[10]

평소에 얌전하던 사람이 리더의 직책을 맡은 후에 통솔력을 잘 발

휘하는 모습을 보며 흔히 "자리가 사람을 만든다."고 하는데, 이것 역시 같은 맥락이라 할 수 있다.

자살 테러, 사회적 본능의 어두운 발현

다시 자살 테러 문제로 돌아오자. 자살 테러를 직접 실험할 수는 없다. 대신 앞에서 살펴본 밀그램의 전기 충격 실험과 짐바르도의 감옥 실험으로 자살 테러의 사회심리적 메커니즘을 간접적으로 유추해 볼 수 있다. 두 실험은 집단의 압력에 굴복하기 쉬운 인간의 심리를 보여 준다는 점에서 애쉬의 동조 실험과 일맥상통한다. 실제로 밀그램은 애쉬의 제자였다. 애쉬, 밀그램, 짐바르도의 실험이 공통적으로 이야기하는 것은 하나다. 인간은 다른 구성원들의 생각과 행동에 민감하게 동조하고 공명하는 사회적 존재라는 점이다.

그렇다면 우리는 집단의 명령에 무조건 복종하는 영혼 없는 좀비란 말인가? 최근의 연구에 따르면, 테러범들은 지휘관의 명령이 떨어지면 곧바로 살인 병기 로봇처럼 행동하는 수동적인 존재가 아니다. 오히려 자신이 속한 공동체를 얼마나 소중히 여기는지, 타 집단의 차별과 폭력이 얼마나 심하다고 느끼는지, 지휘관이 제시하는 비전에 얼마나 공감하는지에 따라 극단적 행동을 감행하는 적극적 동조자들이다.[11] 이런 사회적 정체성은 거창한 공간에서만 형성되는 것이 아니다. 동네에서 함께 축구를 하거나 또는 소셜 미디어에서 "너희들이 이 더러운 세상을 바꿀 수 있다."는 연설을 보다가도 형성될 수 있다.

이런 맥락에서 연구자들은 테러범 검거를 위한 팁을 다음과 같이 제시하기도 한다.

> 자살 테러범이 누구인지 알고 싶으면, 그리고 특정 테러 조직을 와해시키고자 한다면, 그들이 무엇을 먹고, 어떻게 입는지 알아야 한다. 모의는 조용한 사원이 아니라 패스트푸드점, 축구장, 바비큐를 해 먹는 곳에서 일어난다.[12]

자살 테러범의 부모가 보이는 반응에서도 자살 테러가 단순히 강요된 자살이 아니라는 것을 알 수 있다. 영국에 유학 갔다 온 모범생 테러범은 결국 이스라엘인 11명을 죽이고 20명 이상을 다치게 했다. 하지만 그의 부모는 아들의 폭력 행위를 슬퍼하지도 부끄럽게 여기지도 않았다. 죄책감도 없었다. 그저 할 일을 했을 뿐이라고 생각하는 듯했다. 테러범의 부모라는 사실을 차치하더라도 어쨌든 자식 잃은 부모인데 어찌 이렇게 담담할 수 있을까? 일반적인 부모의 심리로는 설명하기 곤란하고 집단 역학의 차원에서 바라봐야 한다. 순교자에게는 최고의 예우가 뒤따른다. 거창한 장례식이 엄수되고, 미리 녹화된 영웅의 최후 증언이 TV에 방영되고, 용기를 칭송하는 자료가 배포되며, 유가족에게 새로운 거처와 각종 보상이 제공된다. 자식의 자발적 희생 덕분에 가족 전체가 번영을 누릴 수 있다.

그렇다면 권위에 복종하고 집단에 순응하는 행위는 왜 진화했을까? 카리스마를 지닌 리더를 무작정 따르는 행위는 자신의 포괄 적합도를 높일 수 있다. 대세에 순응하다 보면 떡고물도 많이 떨어지는 법이다. 생존과 번식에 관한 노하우를 전수받을 수 있기 때문이다. '롤 모델'이나 '벤치마킹'을 떠올려 보라. 많은 사람이 좋아하는 인물이나 물건에는 그만큼의 매력이 있기 마련이다. 권위에 복종하고 집단에 순응하면 그만큼 이득을 보는 사회를 거치면서 인류가 진화해 온 것도 분명한 사실이다. 이렇게 보면 순응 행위도 인간의 진화된 사회적 본능 중 하나라고 할 수 있다. 하지만 자살 테러는 이런 사회적 본능의 가장 어두운 발현이다.

**ultra
sociality**

4부

초사회성의 미래

인간과 기계의 교감

최고의 보행 로봇 제작 기술을 보유한 회사 보스턴 다이내믹스Boston Dynamics는 '빅도그big dog'라는 사지 보행 로봇을 오랫동안 개발해 왔다. 기술이 진화할 때마다, 즉 새 버전의 빅도그가 나올 때마다 향상된 기능을 홍보하려고 영상을 만들어 유튜브에 올렸다. 이 동영상 덕분에 회사는 유명세를 탔다. 그런데 2014년 즈음, 걸어가던 빅도그에 사람들이 마구 발길질을 하는 영상이 올라왔다. 휘청하던 빅도그는 다시 균형을 잡고 걸어갔다. 마치 덩치 큰 개가 주변 사람들의 발길질에도 아랑곳하지 않고 유유히 걷는 것 같은 착각이 들 정도로 균형을 유지하는 보행 기술이 예사롭지 않았다. 공학적 관점으로만 보자면, 정말 기가 막힌 기술이었다.

인간에게 시달리는 불쌍한(!) 로봇

빅도그 홍보팀도 분명히 자사의 첨단 기술에 감탄한 네티즌들이 열광적인 박수를 보낼 거라 기대했을 것이다. 하지만 반응은 예상과 너무나 달랐다. "왜 발로 차고 난리야. 빅도그가 당신 기억하면 어쩌려

15-1 보스턴 다이내믹스의 빅도그(왼쪽)와 아틀라스(오른쪽). 연구원들이 로봇을 테스트하기 위해 발과 막대기로 공격(?)하고 있다. 어떤 마음이 드는가?

고?", "빅도그가 다시 중심을 잡으려고 안간힘을 쓸 때 너무 안쓰러웠다." …… 이런 싸늘한 반응이 올라오기 시작하더니, 급기야 "이 영상에 대부분 부정적 반응을 보이는데, 대체 무슨 생각으로 이 영상을 제작했느냐?"며 홍보팀 책임자를 당장 해고하라는 댓글이 줄을 이었다.

회사는 이런 부정적 여론이 꽤나 당혹스러웠을 것이다. 살짝 억울했을지도 모른다. 하지만 회사는 빅도그의 기술적 탁월함보다 그 기술이 불러일으키는 정서에 더 민감하게 반응하는 사람이 훨씬 많다는 점을 간과했던 것이다.

네티즌들의 반응으로 미루어 보건대, 발로 차이는 로봇을 보고 움찔하지 않은 사람은 별로 없었을 터이다. 물론 기계 덩어리인 빅도그가 고통을 받았을 리는 없다. 문제는, 로봇이 발에 차이는 모습을 볼 때 저절로 작동하는 우리의 심리 상태다. 기계에 불과하다는 사실을 알고 있어도 움찔할 수밖에 없는 느낌 말이다. 혹시 인간은 기계에게도 공감의 촉을 뻗칠 수 있는 초공감적 존재일까?

이 질문에 답하기 전에 눈을 의심하게 만드는 다른 동영상을 먼저 이야기해 보자. 새로 출시된 '아틀라스Atlas'라는 이족 보행 로봇이 작동하는 모습을 담은 홍보 영상이다. 그 영상을 보면 한 남자가 로봇을 아예 대놓고 '괴롭힌다'. 로봇이 상자를 들려고 하면 상자를 옆으로 밀어서 방해하고, 로봇이 들어 올린 상자를 막대기로 쳐서 떨어뜨리기도 한다. 심지어 뒤에서 긴 막대기로 로봇을 밀어 넘어뜨린다. 물론 아틀라스는 그 남자의 괴롭힘에도 아랑곳하지 않고 곧바로 일어선다. 계속 보고 있자니 그 남자가 미워질 지경이다.

어쩌면 우리는 개를 닮은 빅도그의 '고통'보다 인간을 닮은 아틀라스의 고통에 연민을 더 많이 느꼈는지도 모른다. 기술력을 과시하다가 욕만 더 먹은 홍보팀의 무신경도 놀랍지만, 기계를 대하는 사람들의 반응 역시 신기한 건 마찬가지다. 대체 인간의 공감 능력은 어디까지 뻗어 나갈까?

비슷하게 생길수록 호감이 커진다

먼저, 인간 이외의 동물을 향한 공감 능력(〈01 공감〉 참조)에 관해 이야기해 보자.[1] 공감 능력을 좌우하는 변인들은 어떤 게 있을까? 예컨대, 양, 비둘기, 다랑어, 메뚜기 중에서 가장 큰 공감을 이끌어 내는 동물은 무엇일까? 참치회는 별 생각 없이 먹으면서 고양이 고기는 어째서 못 먹는다고 생각할까?

한 연구에서는 동물의 정신 능력을 어떻게 생각하는지에 따라 동물에 대한 공감 능력에 영향을 준다는 결과가 나왔다.[2] 연구자들은 다음과 같이 피험자들의 의식을 조사했다. 동물이 의식을 갖고 있다고 생각하는지, 동물이 자신에게 일어나는 일을 스스로 인식할 수 있다고 생각하는지, 동물에게 느낌이나 감정이 있다고 생각하는지, 문제 해결을 위해 사고할 수 있다고 생각하는지, 자극에 본능적으로만 반응할 뿐이라고 생각하는지 등의 질문을 던져 그 정도를 표시하게 했다. 그리고 나서 동물이 등장해 감정을 불러일으키는, 예를 들어 "당신이 교통 신호를 기다리는데 양을 싣고 가던 트럭이 옆에 멈췄다. 양의 표정을 올려다본다." 같은 시나리오를 보여 주고 얼마나 공감하는지 측정했다. 양자 사이의 상관관계를 살펴본 결과, 동물의 정신 능력을 높이 평가하는 사람일수록 동물을 대하는 공감의 크기가 컸다.

공감의 크기는 피험자들의 직업이나 거주지, 성별에 따라 다르게 나타났다. 도시에 사는 사람과 동물의 권리를 옹호하는 사람은 크게 공감하는 반면, 농업 종사자는 상대적으로 공감의 크기가 작았다. 농업 종사자는 동물을 농사의 도구로 이용해 왔기 때문에 공감과 유용성의 가치가 서로 충돌한다고 볼 수 있다. 또한 여성이 남성보다 공감 능력이 더 컸다.

원숭이, 너구리, 꿩, 황소개구리가 학대당하는 모습을 볼 때 일어나는 감정적 반응을 피부전도반응skin conductance response, SCR으로 측정했다. 피부전도반응은 긴장하면 교감 신경이 활성화돼 손바닥에 땀이 나는 것을 이용해 변연계에서 일어나는 정서 반응을 알아보는 방법이다. SCR 값이 제일 높은 동물은 무엇일까? 앞서 열거된 순서대로 높게 나왔다. 한편, 고릴라, 코뿔소, 두루미, 메기, 딱정벌레 중에서 인간과 유사한 순서와 멸종 위기에서 보호해야 하는 순서를 정해보라고 물었더니, 무척추동물인 딱정벌레가 가장 덜 시급하다고 답했다.[3] 인간과 유사하다고 생각하는 동물 순서대로 정서 반응이 일어나는 것은 일종의 '유사성에 기반한 공감'이라고 간주해도 무방할 것이다.

이를 뒷받침해 주는 증거는 더 있다. 대학생 73명에게 다양한 동물이 고통받는 모습이 담긴 영상을 보여 준 후, SCR을 측정하고 설문조사를 실시했다. 영상에는 인간, 영장류, 포유류, 조류가 등장했고 진화 계통적으로 인간으로부터 먼 동물일수록 공감 정도와 SCR 측정값이 작았다.[4]

그렇다면 호모 사피엔스에게 보이는 정서 반응은 똑같았을까? 그렇지도 않았다. 이때도 자신이 속한 인종 여부에 따라 다르게 나타났다. 백인은 외집단 구성원인 흑인이 고통받는 모습보다 내집단 구성원인 백인의 모습에 더 크고 과장된 긍정적(또는 부정적) 정서 반응을 나타냈다. 피험자가 흑인일 때는 반대의 결과가 나왔다. 즉, 동종일 경우에도 유사성 정도에 따라 반응이 달라지며, 대상이 내집단에 속한다고 여길 때 공감이 더 컸다. 외집단 인종이 받는 고통에는 공감의 효과가 거의 나타나지 않았다.[5]

외집단보다 내집단 구성원의 고통에 더 깊이 공감한다는 사실은 신경과학으로도 입증이 되었다. 강한 자기장으로 뇌의 표면에 전류를 발생시켜 뇌세포를 자극하는 '경두개자기자극술transcranial magnetic stimulation, TMS'로 감각 운동 부위를 분석해 봤더니, 은연중에 인종 차별적 태도를 갖고 있는 백인(또는 흑인)은 다른 인종의 고통에 덜 공감했다. 반면, 같은 인종의 고통에 훨씬 더 많이 공감했다. 그리고 같은 인종의 타인이 고통받는 모습을 보는 것만으로도 자신이 직접 고통을 느낄 때 반응하는 뇌 부위가 비슷하게 활성화되었다.[6]

지금까지 살펴본 여러 연구를 통해 우리는 다음과 같이 추론해 볼 수 있다. 어떤 대상에 대한 피험자의 공감의 크기는 그 대상과 피험자의 유사성 정도에 따라 비례할 것이다. 그리고 외집단의 끝에 있는, 즉 피험자와 관계가 먼 대상일수록 공감의 크기는 유사성에 영향을 받지 않을 것이다.

공감은 주체가 대상을 유사하다고 지각하는 정도에 따라 달라진다. 하지만 공감의 크기가 주체와 대상 간의 유사성만으로 좌우되지는 않는다. 대상의 연령도 주요 변인이다. 가령, 고통에 처한 어른 인간보다 아기에게 더 크게 공감하는 것은 인지상정이다. 반면, 대상이 동물인 경우에는 성체의 고통이 더 큰 공감을 불러일으킨다.[7]

불쾌한 골짜기

우리가 로봇에게 느끼는 정서 반응도 유사성에 비례해 달라질까? 1970년 일본 도쿄 공업대학교의 로봇공학 교수 모리 마사히로森政弘 박사는 로봇을 대하는 인간의 감정과 관련해서 매우 흥미로운 이론을 제시했다. 로봇이 인간과 비슷할수록 로봇에 대해 느끼는 호감도

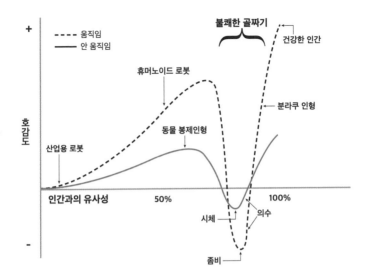

15-2 모리 마사히로의 로봇과 인간의 유사성과 호감의 상관관계 그래프. 인간과 닮았어도 행동이 인간과 다를 때 '불쾌한 골짜기'가 가장 극명하게 드러난다.

가 처음에는 상승하다가 어느 순간 급격히 떨어지며, 인간과 거의 비슷해지는 수준에 이르면 호감도가 다시 급상승한다는 것이다.[8] 그래프로 표현하면 하강했다가 상승해서 골짜기 모양이 그려진다고 해서 '불쾌한 골짜기'라는 이름을 얻게 되었다.

　모리는 로봇의 겉모습뿐 아니라 움직임의 효과도 고려해야 한다는 것을 알고 있었다. 그에 따르면, 움직임 때문에 불쾌한 골짜기가 더욱 분명하게 나타나는데, 겉모습은 인간을 닮았어도 행동이 인간과 전혀 다를 때 로봇에 대해 느끼는 불쾌감이 더욱 커진다는 것이다. 마치 불 꺼진 방에서 가발 쓴 마네킹을 볼 때, 시체를 볼 때, 또는 영화에서 좀비를 볼 때 공포감을 느끼는 것과 같다. 불쾌한 골짜기는 로봇뿐만 아니라, 애니메이션의 등장인물에게도 적용된다.

이런 현상은 왜 일어날까? 여러 가설 가운데 하나는, 죽음에 대한 본능적인 공포심이 작동한다는 설명이다. 즉, 겉모습이 인간과 유사하지만 움직임이 매우 낯선 로봇에 불쾌감을 느끼는 것은 죽음이라는 불가피한 현상에 대항하는 일종의 방어 반응이라는 것이다.[9]

또 다른 가설은 다음과 같다. 로봇이 인간과 매우 닮았거나 거의 진짜 인간처럼 보일 때, 사람들은 로봇을 인간이라 착각하고 인간과 동일한 행동 양식을 보일 것이라 기대한다. 그러나 그 기대가 실제와 일치하지 않는다는 것을 알게 되는 순간, 다시 말해 로봇이 실제 인간이 아니라는 것을 알게 되는 순간 '지각의 역설'이 일어나면서 불쾌한 감정을 불러일으킨다.[10]

연구자들은 인위적인 것부터 진짜 사람 얼굴에 이르기까지 여러 얼굴 사진을 제시하고, 피험자들이 느끼는 불쾌감의 정도를 측정했다. 불쾌감은 얼굴이 진짜 같지만 부분적으로 비정상적인 경우, 예컨대 눈만 기이하게 생겼을 경우에 가장 높았다. 연구자들은 현실성과 비정상성을 지각하는 과정이 각각 다른 시각 체계를 통해 일어나며, 이때 현실과 조화를 이루지 않는 비정상이 불쾌한 감정을 불러일으킨다고 설명했다. 모리가 제시한 불쾌한 골짜기 이론은 로봇을 디자인하거나 애니메이션의 등장인물을 컴퓨터 그래픽으로 작업할 때 시사해 주는 바가 많다.

인간은 기계에도 공감할 수 있을까? 여러 상황에 놓인 로봇을 관찰할 때 어떤 정서 반응이 일어나는지 연구한 실험을 보자.[11] 연구자들은 피험자들을 무작위로 나누어 한 그룹은 실험 전에 10분 동안 높이 20센티미터, 길이 50센티미터 되는 카마라사우루스 모양의 로봇 플레오Pleo를 가지고 놀게 했고, 나머지 그룹(대조군)에는 그런 경험을 제공하지 않았다. 대조군은 모두 플레오를 들어 보지도 못한 사람들이었다. 연구자들은 피험자들에게 플레오를 고문하는 장면이 담긴 비디오('고문 비디오')와 플레오에게 우호적인 행동을 하는 장면이 담긴 비디오('우호 비디오')를 보여 줬다. 이때 실험군과 대조군 모두, 절반은 고문-우호, 나머지 절반은 우호-고문 순서대로 비디오를 보여 줬다.

연구자들은 피험자들이 비디오를 보는 동안 일어난 생리적 변화와 감정 상태를 측정했다. 또한 피험자들에게 비디오와 플레오를 평가해 달라고 부탁했으며, 플레오에 감정이입을 했는지 여부도 물었다. 그 결과, 피험자들은 고문 비디오를 보았을 때 생리적 흥분, 예를 들어 심장 박동 수 증가, 땀 분비로 인한 피부 전도도 증가 등이 일어났다. 부정적 감정을 많이 느꼈다고 대답했으며, 로봇을 안타까워하는 심정을 더 많이 표현했다.

비디오를 보기 전에 플레오와 나눈 상호 작용 여부는 이 결과에 영향을 주지 않았다. 설령 플레오의 존재를 몰랐던 사람들조차 동일한 정서 반응을 보였고 관심과 동정심을 드러냈다. 이 실험을 통해 인간

15-3 연구자들은 피험자들에게 공룡 모양의 로봇 플레오를 10분 동안 가지고 놀게 한 다음, 먹이 주기, 쓰다듬어 주기, 어루만져 주기 등 플레오에게 우호적인 행동을 하는 영상(위)과 주먹으로 치기, 목 조르기, 테이블에 머리 찧기 등 플레오를 고문하는 듯한 영상(아래)을 보여 주었다.

이 로봇에게도 공감 능력을 발휘한다는 사실을 확인했다.

그렇다면 로봇을 향한 인간의 공감 능력은 어떤 변인으로 매개될까? 동물에게 공감할 때처럼 유사성이 가장 중요한 요인일까? 로봇이 지능적인 행동을 하면 인간은 로봇을 사회적 행위자로 인식할까? 이와 관련된 흥미로운 실험이 몇 가지 있다. 그중 하나는 밀그램의 복종 실험(《14 테러》 참조)을 모방해 피험자가 로봇에게 전기 충격을 가하게 하는 실험이었다.[12] 이때 사용된 로봇의 얼굴은 감정을 표현하고 팔을 흔들 수도 있었다.

연구자는 피험자에게 다음과 같이 지시했다. "20개의 단어 조합을 로봇에게 가르치고, 로봇이 실수할 때마다 전압을 높여 전기 충격을 가하세요." 전압을 높일수록 로봇은 크게 움직이며, 밀그램의 실험 때처럼 "제발, 제발 그만해 주세요.", "너무 고통스러워요. 전기 충격 때문에 아파요." 등의 말을 하며 울부짖도록 프로그램되었다. 피험자가 더 이상 못 하겠다고 하면, 연구자는 계속하라고 3회 더 권했다. 만일 전압이 450볼트에 이르면 실험은 종료되었고, 마지막 전기 충격 때의 전압이 기록되었다.

실험 결과, 모든 피험자가 최고 전압에 이를 때까지 전기 충격을 가했다. 로봇에게 연민을 느끼기는 했으나 계속하라는 연구자의 말을 모두 따랐던 것이다. 하지만 놀라운 결과는 아니다. 인간에게 전기 충격을 가하게 했던 밀그램의 실험에서도 최고 전압까지 다다른 비율이 65퍼센트나 나오지 않았던가! 다만, 생김새나 행동이 인간과 좀 더 흡사한 로봇에게 전기 충격을 가하게 해서 유사성의 정도가 공감의 크기에 어떤 영향을 주는지 탐구했으면 더 좋았을 것이다.

같은 연구팀은 사회적 딜레마를 강화한 또 다른 실험을 고안했다. 즉, 피험자에게 로봇이 다음 세대의 알고리즘에 자기 유전자를 남길지도 모르니까 로봇을 망치로 쳐 죽여야 한다고 지시했다. 로봇은 센서 2개로 빛을 감지하고 광원을 향해 움직였다. 설정 모드를 'smart'로 할 경우, 빛에 대한 민감성이 가장 높아 쉽게 광원으로 이동했고, 'stupid'일 때는 센서를 하나만 사용하기 때문에 광원을 잘 찾아가지 못했다.

연구자들은 피험자의 성별과 로봇의 지능, 즉 설정 모드가 'smart'인지 'stupid'인지에 따라 로봇을 파괴하는 행동이 얼마나 달라지는지 확인했다. '지각된 지능perceived intelligence'과 로봇 파편 조각의 개수는 성별에 따라 상당한 차이를 보였지만, 로봇을 망치로 내려친 횟

수는 차이가 없었다. 단언할 수는 없으나, 피험자들은 'smart' 모드일 때보다 'stupid'였을 때 망치를 더 많이 휘둘렀고 부서진 조각의 개수도 더 많았다. 연구자들은 사람들이 로봇의 지능을 인식하는 정도에 따라 파괴적 행동에도 상당한 영향을 끼친다는 결론을 내렸다.

결국 로봇도 동물을 대상으로 한 실험 때와 마찬가지로 생김새, 지능, 행동 등 인간과의 유사성 정도에 따라 공감을 이끌어 내는 정도가 달라진다고 할 수 있다. 좀 더 명확한 결과도 있다. 사람들은 바퀴 달린 로봇보다 이족 보행 로봇을 볼 때 뇌에서 공감을 담당하는 부위가 더 활성화되었다.[13]

사회적 로봇의 출현과 인류의 미래

로봇을 향한 공감을 이끌어 내는 '유사성'의 본질은 무엇일까? 정확히 무엇이 유사해야 로봇이 행위자로서 대접받을 수 있는가? 앞서 보았듯이 외모와 지능도 중요하다. 하지만 가장 중요한 것은 인간과 함께하는 상호 작용 능력일 것이다. 상처받은 한 남자가 컴퓨터의 인공지능 프로그램과 깊은 사랑에 빠지는 이야기를 담은 영화 〈그녀Her〉를 보면서, 의사소통 능력과 사회성이 가까운 미래에 인간의 삶을 근본적으로 변화시킬 인공지능의 핵심 역량이라는 것을 다시 확인했다. 이 영화에서 가장 깊은 교감을 이끌어 내는 존재는 몸은 없지만 사람의 마음을 읽을 수 있는 사회적 알고리즘이다.

로봇에게 몸이 중요하지 않다는 말이 아니다. 조만간 반려 로봇으

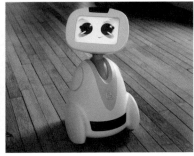

15-4 조만간 반려 로봇으로 각광받을 지보, 페퍼, 그리고 버디(왼쪽부터). 이들 로봇은 인간의 표정을 읽고 말을 이해하고 교감을 나눌 수 있게 진화해 나갈 것이다.

로 각광받을 지보Jibo, 페퍼Pepper, 버디Buddy 등은 궁극적으로 인간의 표정을 읽고 말을 이해하고 교감을 나눌 수 있게 진화해 나갈 것이다.[14] 몸을 가진 사회적 로봇은 신체를 가진 초사회적 존재인 인간과 교감하기에 가장 적합한 특성을 지닌 기계라고도 할 수 있다. 로봇 버디가 슬픈 표정을 짓고 있는 모습을 보면 평범한 사회성을 지닌 사람이라도 눈꼬리가 저절로 내려갈 수밖에 없다.

이런 맥락에서 사회적 로봇의 출현은 로봇 발전의 역사에서 가히 분수령을 이룰 사건이 될 것이다. 아무리 명령을 잘 따르고 맡은 임무를 불평 없이 수행했어도 지금까지의 로봇은 복잡하고 정교한 기계에 불과했다. 하지만 우리가 하는 말을 알아듣고 우리가 원하는 바가 무엇인지 읽어 내고, 우리에게 어떤 표정으로든 감정 교류를 시도하는 로봇이라면 그것은 더 이상 기계가 아니다. 그것은 사회적 행위자다.

반려견은 '또 하나의 가족'이 된 지 오래되었다. 감정 교류를 해 왔기 때문이다. 휴가 때 반려견을 데려가느냐 마느냐의 문제를 두고 가족 투표까지 했던 집도 있을 것이다. 두고 가자니 너무 미안하고 데려가자니 너무 번거로울 것 같고……. 반려 로봇을 집에 들이기 시작하면 우리는 새로운 고민에 빠질 것이다. 며칠간의 가족 해외여행 때문에 로봇의 전원 스위치를 꺼야 하나 말아야 하나를 놓고 또 투표가 진행될지도 모른다.

스탠리 큐브릭이 구상해 오다가 타계하는 바람에 결국 스티븐 스필버그가 완성한 영화 〈에이 아이A.I. Artificial Intelligence〉에서는 데이비드라는 아이가 주인공이다. 사실, 그 아이는 인간이 아니다. 식물인간이 된 진짜 아들을 그리워하던 부부가 구입한 특수 제작 로봇이다. 데이비드는 그 부부의 사랑을 받는 존재였다. 하지만 식물인간 상태에서 깨어난 진짜 아들이 돌아오자 데이비드는 질투가 나기 시작했다. 그럴 만큼 데이비드는 사회성이 발달한 로봇이다. 데이비드와 정이 든 엄마는 진짜 아들을 같이 키우려고 하지만 아들과 데이비드의 사이가 점점 나빠지자 데이비드를 외딴곳에 버리려고 한다. 이런 의도를 알아차린 데이비드는 엄마에게 "이제부터 엄마 말 잘 들을게요. 질투하지 않을게요."라며 울면서 매달렸다. 데이비드도 울고 엄마도 울고, 이 장면을 보는 관객도 울었다. 그 장면을 볼 때, 어느 누구도 '데이비드는 진짜 인간이 아니야. 기계 덩어리일 뿐이야.'라고 생각하지 않았을 것이다. 어쩌면 그런 생각을 했더라도 어느 순간 자신도 모르게 두 눈에 눈물이 그렁그렁했을지도 모른다. 인간에게 반응하고 인간과 소통하는 로봇은 더 이상 기계 덩어리가 아니다. 그런 존재와 더불어 살아가는 것은 머지않아 우리의 현실로 맞닥뜨

릴 문제가 될 것이다.

　이것이야말로 가까운 미래에 우리 일상이 마주할 어마어마한 충격이라고 생각한다. 그 충격의 원천은 로봇이 아니라 인간의 진화된 초사회성에 있다. 지금까지 여러 가지 주제로 논의를 해 온 것도 바로 이 사실을 전하기 위해서였다. 울트라 소셜! 이것은 호모 사피엔스의 과거이며 미래다.

문명의 사춘기를 지나고 있는 사피엔스에게

1

아주 최근의 일이다. '인간 본성에 새겨진 초사회성의 비밀'에 대한 나의 강연을 경청하신 모 교수님께서 몹시 상기된 어조로 다음과 같이 문제를 제기하셨다.

"장 교수님의 강연은 잘 들었는데요, 인류가 초사회성을 진화시켜서 지구의 정복자가 되었다는 주장에는 동의하기 힘듭니다. 인류의 문명사는 배려와 공감의 역사가 아니라 침략과 파괴의 역사였습니다. 다른 인간 집단에 대해서뿐만 아니라 다른 종들에 대해서도 그런 몹쓸 짓을 해 왔죠. 이것을 어찌 초사회성의 진화라고 할 수 있겠습니까?"

예리한 지적이다. 솔직히 고백하자면, 지난해 네이버캐스트 '파워라이터 ON'에 〈울트라 소셜〉 연재를 막 시작할 무렵에는 나도 위의 모 교수님처럼 인간의 사회성에 한계가 있다는 사실이 몹시 마음에 걸렸다. 인류 문명의 수준을 좋게 봐준들 인간이 '우리 대 그들(Us vs. Them)'의 편 가르기 수준을 넘어섰다고 과연 말할 수 있겠는가?

사실, 호모 사피엔스의 20만 년 역사는 집단과 집단, 문명과 문명 사이 충돌의 역사였다. 문명들끼리 서로를 그냥 내버려 둔 적이 거의 없다. 늘 전쟁의 연속이었고, 평화는 대개 그 수많은 전쟁의 막간이었을 뿐이다. 가령, 콜럼버스의 16세기 유럽 문명은 남아메리카의 아스텍 문명을 총과 대포, 심지어 병균으로 제압했으며, 칭기즈 칸의 13세기 몽고 문명은 중국(금나라)을 잔인하게 도륙했다. 조선을 삼켜버린 일본의 제국주의는 우리의 문화를 말살하려 했다.

'우리'와 '그들'을 구분하고 '그들'을 차별하고 갈취하던 역사는 인간에 대해서만이 아니다. 인간이 다른 동물들을 어떻게 대해 왔는지를 보면 우리의 편 가르기 본능이 훨씬 더 뿌리 깊다는 불편한 진실을 만나게 된다. 인간이 지나간 자리에는 호랑이가 사라져갔고 도시는 장수하늘소를 몰아냈다. 다른 종들의 관점에서 보면, 호모 사피엔스의 역사는 곧 자신들의 잔혹사다. 이런 어두운 역사에 어찌 '초사회성의 진화'라는 제목을 붙일 수 있겠는가?

2

하지만 사회성에 대한 상대 평가를 도입해 보자. 호모 사피엔스의 사회성 점수가 100점일 리 없다. 그런데 만약 문명 탄생의 턱걸이 점수가 60점 정도라고 한다면, 인류의 사회성은 그 기준은 넘었으므로 70~80점 정도의 수준이라고는 할 수 있지 않을까? 이에 비해 침팬지와 오랑우탄은 문명이란 것을 만든 적이 없으니 50점 정도라 해야 할 것이다. 자, 이제 60~100점까지의 사회성을 초사회성으로 간주할 수 있다면, 인간이 초사회성을 진화시켰다는 주장이 그렇게까지 불편하지는 않을 것이다. 침팬지보다는 낫고 문명을 진화시킨 유일한 종이니, 감히 '초사회적 종'이라고 부를 수 있지 않겠는가!

상대 평가를 통해 초사회성을 이렇게 규정하면, 인간사에서 끊임없이 나타났던 차별, 편애, 서열, 소외, 테러 등은 반사회적 현상이라기보다는, 비록 초사회성 점수는 깎아내릴지라도, 여전히 사회적 본능이라 할 수 있다. 확실히 하자. 인류는 공감과 배려, 이타심의 화신인 테레사 수녀로부터 시작하지 않았다. 우리의 일상은 아직도 '우리가 남이가'의 수준인 경우들이 많지만 사피엔스는 보편적 인류애, 전 지구적 협력, 생태적 공감력, 심지어 우주적 윤리까지를 때로 논하고 실천할 수 있는 유일한 초사회적 종으로 진화했다. 지구에서 인간의 지위는 이렇게 묘하다(그러니 이 책 1부의 몇 장들만 훑어보고 인류의 초사회성에 감동하면 안 된다. 2부와 3부, 특히 3부를 읽어야 초사회성의 수준을 정확히 진단할 수 있다.).

이런 맥락에서 인류를 감히 초사회적 종이라고 부를 만한 이유들은, 비록 이 책에서 다뤄지지 않았지만, 또 다른 경로를 통해 추가로 확보될 수 있다. 예컨대 하버드 대학교의 심리학자 스티븐 핑커는 《우리 본성의 선한 천사들The Better Angels of Our Nature》에서 역사 이래로 인간의 폭력이 점점 감소하고 있는 증거들을 내놓았다. 그는 역사 속에서 대표적 분쟁들을 선정한 후에 인구 10만 명당 폭력에 의한 희생자의 수를 비교하는 방식으로 폭력 감소의 추세를 입증하려 했다. 그에 따르면, 이런 추세가 언뜻 보기에 이상하게 느껴지는 것은 폭력에 대한 문제의식이 증가했고 현대 미디어들이 분쟁과 테러를 연일 생중계하듯 방영하고 있기 때문이다. 즉, 착시 현상일 뿐이라는 것이다. 거기서 그는 사회적 계약의 탄생, 공감력의 증진, 그리고 이성의 발현이 폭력을 감소시켜 온 주요 동인이었다고 주장한다.

또 다른 증거는 침팬지의 폭력성과 관련되어 있다. 2001년 가을 어느 날, 나는 한국을 방문 중인 침팬지 연구의 대모, 제인 구달 선생님께 침팬지의 폭력과 인간의 폭력을 비교해 주십사 여쭤본 적이 있다. 선생님의 단호한 대답이 아직도 생생하다. "침팬지가 총 쏘는 법을 배울 수 있다면, 우리보다 훨씬 더 많은 살상을 하게 될 것입니다." 실제로 야생 침팬지는 우리에 비해 성질이 훨씬 더 고약하고 통제가 잘 되지 않는다. 우리와 가장 가까운 사촌 종인 침팬지의 폭력성 지수가 인류의 것보다 훨씬 더 높다는 사실을 사람들은 잘 모른다.

3

한편, 프린스턴 대학교의 응용윤리학자 피터 싱어는 《사회생물학과 윤리》에서 인류가 역사를 거듭하면서 자기와 비슷한 존재로 봐줄 대상의 범위를 점점 더 확장해 왔다고 주장했다. 반려동물이 또 하나의 가족이 된 지는 오래되었다. 공감의 동심원이 점점 커지고 있다는 뜻일 것이다.

그렇다면 이 동심원은 얼마나 더 커질 수 있을까? 과연 인류 내에서 '우리와 그들'로 나누는 습관이 사라질까? 그리고 보편적 인류애를 넘어 로봇에게까지, 심지어 외계 존재에까지도 확장될 수 있을까? 즉, 우리의 초사회성 지수는 어디까지 상승할 수 있을까? 나는 이 질문에 대한 가장 멋진 대답을, 앞서 인용한 핑커, 구달, 싱어에게서가 아니라, 천문학자 칼 세이건에게서 찾을 수 있었다.

세이건은 《코스모스Cosmos》의 곳곳에서 독자에게 묻는다. "외계의 존재가 우리를 만나러 왔다면 그들은 우리에게 적일까 친구일까?" 적어도 영화의 세계에서 외계와의 조우는 대개 그들의 '침공'으로 그려져왔다. 영화 〈ET〉, 〈콘택트〉(세이건 원작의 1997년 개봉작 〈Contact〉와 2016년 개봉작 〈Arrival〉 모두), 〈디스트릭트 9District 9〉 같은 몇몇 예외를 빼면, 외계의 존재는 늘 인류를 해치려는 침입자들이지 않은가! 영화는 늘 외계인의 침공으로부터 인류를 구원하는 스토리다. 하지만 35년 전쯤에 이미 세이건은 완전히 다른 스토리를 상상했다. 지구인을 일부러 찾아올 정도로 고도로 발달한 문명을 지닌 외계인이라면 대규모 파멸의 위험을 잘 넘긴 존재들일 테고, 따라서 그들은 우리 인류가 서로를 대하는 것보다는 훨씬 더 높은 수준으로 우리 인간을 대할 수 있는 엄청난 공감력의 소유자들일 것이다. 그러니 외계 문명과의 조우를 두려워하지 말 것!

이 대목에서 그는 인류가 "문명의 사춘기"를 거치고 있다는 말로 우리 문명의 현 수준을 정확하게 진단하고 있다. 이보다 더 적절한 비유가 또 있을까? 우리 개개인은 질풍노도의 사춘기를 거치면서 타인을 이해하고 공감하고 배려하는 법과 자신의 감정을 통제하는 법을 연습한다. 그 시기를 잘 거친 개인은 훌륭한 인격을 가진 시민으로 성장하지만 그렇지 않은 이들은 자신과 타인의 삶에 고통을 주는 존재가 되기도 한다. 아동기를 큰 문제없이 잘 거쳤다고 해서 사춘기가 자동으로 잘 흘러간다고 할 수는 없다. 마찬가지다. 인류 전체가 문명의 탄생과 아동기를 잘 넘어갔다고 해서 사춘기의 성공은 보장되지 않는다. 물론 다른 종들이 감히 못한 사춘기 진입을 우리는 했지만 말이다. 그렇다면 호모 사피엔스는 이 사춘기 문턱을 잘 넘어 우주적으로 성숙한 초사회적 종으로 성장할 수 있을까? 아니면 이 문턱 앞에서 자기 파멸의 길로 들어서고 말 것인가? 이 엄중한 질문에 답하려면 인간 본성에 새겨진 초사회성의 비밀에서부터 출발해야 할 것이다.

참고 문헌

1부 초사회성의 탄생

01 공감: 너와 나의 연결고리

1 di Pellegrino, G., Fadiga, L., Fogassi, L., Gallese, V. and Rizzolatti, G. (1992) Understanding motor events: a neurophysiological study, *Experimental Brain Research* 91(1), 176–180.

2 Rizzolatti, G. and Fabbri – Destro, M. (2010) Mirror neurons: from discovery to autism, *Experimental Brain Research* 200 – (3 – 4), 223–237.

3 Williams, J. H. G., Whiten, A., Suddendorf, T. and Perret, D. I. (2001) Imitation, mirror neurons and autism, *Neuroscience & Biobehavioral Reviews* 25(4), 287–295.

4 Cole, J. (1999), *About Face*, The MIT Press.

5 Singer, T., Seymour, B., O'Doherty, J., Kaube, H., Dolan, R. J. and Frith, C. D. (2004) Empathy for pain involves the affective but not sensory components of pain, *Science* 303 – 5661, 1157–1162.

6 de Waal, Frans B. M. (2008) Puting the Altruism Back into Altruism: The Evolution of Empathy, *Annual Review of Psychology* 59, 279–300.

7 Peter Singer (1982) *The Expanding Circle*, Plume; 피터 싱어 지음, 김성한 옮김 (2012) 《사회생물학과 윤리: 출간 30주년 기념판》, 연암서가

8 Dunbar, R., & Shultz, S. (2007) Evolution in the Social Brain, *Science* 317(5843), 1344 – 1347.

9 Dunbar, R., Arnaboldi V., Conti M., Passarella A. (2015) The structure of online social networks mirrors those in the offline world, *Social Networks* Vol. 43, 39–47

10 Dunbar, R. (1998) The social brain hypothesis, *Evolutionary Anthropology* 6(5), 178–190.

11 Tomasello, M. (2006) Why don't apes point? In N J Enfield & S C Levinson (eds), *Roots of Human Sociality: Culture, cognition and interaction*, Berg, 506–524

12 Soproni, K., Miklosi, A., Topal, J., & Csanyi, V. (2002) Dogs' (Canis familiaris) responsiveness to human pointing gestures, *Journal of Comparative Psychology* 116(1), 27–34.

13   Hare, B., & Tomasello, M. (2005), Human-like social skills in dogs? *Trends in Cognitive Sciences* 9(9), 439-444.

14   Call, J. and M. Tomasello (2008) Does the chimpanzee have a theory of mind? 30 years later, *Trends in Cognitive Science* 12(5), 187-192.

15   Heyes, C., Bird, G., Johnson, H. and Haggard, P. (2005) Experience modulates automatic imitation, *Cognitive Brain Research* 22, 233-240.

16   Heyes, C. (2010) Where do mirror neurons come from?, *Neuroscience and Biobehavioural Reviews* 34-4, 575-583.

02 협력: 사회적 눈의 진화

1   Kobayashi, H., and Kohshima, S. (2001) Unique morphology of the human eye and its adaptive meaning: comparative studies on external morphology of the primate eye, *Journal of Human Evolution* 40(5) 419-435.

2   Kobayashi, H., and Kohshima, S.(1997) Unique morphology of the human eye, *Nature* 387, 767-768.

3   Tomasello, M., Hare, B., Lehmann, H., and Call, J. (2007) Reliance on head versus eyes in the gaze following of great apes and human infants: the cooperative eye hypothesis, *Journal of Human Evolution* 52, 314-320.

4   Call, J., and Kano, F. (2014) Cross-species variation in gaze following and conspecific preference among great apes, human infants and adults, *Animal Behaviour* 91, 137-150.

5   Call, J., and Kano, F. (2014) Cross-species variation in gaze following and conspecific preference among great apes, human infants and adults, *Animal Behaviour* 91, 137-150.

6   Tomasello, M., Hare, B., Lehmann, H., and Call, J. (2007) Reliance on head versus eyes in the gaze following of great apes and human infants: the cooperative eye hypothesis, *Journal of Human Evolution* 52, 314-320.

7   Senju, A., Yaguchi, K., Tojo, Y., and Hasegawa, T. (2003) Eye contact does not facilitate detection in children with autism, *Cognition* 89, B43-B51.

03 배려: '합리적' 침팬지와 '공정한' 인간

1   Brosnan, S. F. and de Waal, F. B. M. (2003) Monkeys reject unequal pay, *Nature* 425,

297–299.

2 Brosnan, S. F. and de Waal, F. B. M. (2014) Evolution of responses to (un)fairness, *Nature* 346, 315–321.

3 Hamann, K., Warneken, F., Greenberg, J. R., & Tomasello, M. (2011) Collaboration encourages equal sharing in children but not in chimpanzees, *Nature* 476, 328–331.

4 Henrich, J. et al. (2006) Costly punishment across human societies, *Science* 312, 1767–1770.

5 Jensen, K., Call, J., and Tomasello, M. (2007) Chimpanzees are rational maximizers in an ultimatum game, *Science* 318, 107–109.

6 Rozin, P., Haidt, J., and Fincher, K. (2009) From oral to moral, *Science* 323, 1179–1180

7 Chapman, H. A., Kim, D. A., Susskind, J. M., and Anderson, A. K. (2009) In bad taste: evidence for the oral origins of moral disgust, *Science* 323, 1222–1226.

04 이해: 마음 읽기의 진화

1 Baron–Cohen, S., Tager–Flusberg, H., & Cohen D. J.(eds.) (2000) *Understanding Other Minds: Perspectives from Developmental Neuroscience*, 2nd ed., Oxford University Press

2 Gopnik, A. (1993) "How we know our own minds: the illusion of first–person knowldege of intentionality," *Behavioral and Brain Sciences* 16, 29–113

3 Goldman, A. (1993) "The psychology of folk psychology," *Behavioral and Brain Sciences* 16, 15–28.

4 Povinelli, D.J., Eddy, T.J., Hobson, R.P., and Tomasello, M. (1996) What Young Chimpanzees Know about Seeing, *Monographs of the Society for Research in Child Development*, Vol. 61, No. 3, pp. i+iii+v–vi+1–189.

5 Hare, B., Call, J., Agnetta, B., & Tomasello, M. (2000) Chimpanzees know what conspecifics do and do not see, *Animal Behaviour* 59(4), 771–785.

6 Hare, B., Call, J., and Tomasello, M. (2001) Do chimpanzees know what conspecifics know?, *Animal Behaviour* 61(1), 139–151.

7 Cheney, D. L., and Seyfarth, R. M. (1990) *How monkeys see the world: Inside the mind of another species*, The University of Chicago Press.

05 전수: 문명 탄생의 원동력

1 Laland, K. N. and Galef, B. G.(eds.) (2009) *The Question of Animal Culture*, Harvard University Press.

2 Kawai, M. (1965) Newly‑acquired pre‑cultrual behavior of the natural troop of Japanese monkeys on Koshima Islet, *Primates* 6, 1‑30.

3 Whiten A., Goodall J., McGrew W.C., Nishida T., Reynolds V., Sugiyama Y., Tutin C.E., Wrangham R. W., & Boesch C. (1999) Cultures in chimpanzees, *Nature* 399(6737), 682‑685.

4 Voelkl, B. and Huber, L. (2007) Imitation as faithful copying of a novel technique in marmoset monkeys, *PLoS ONE* 2‑7, e611.

5 Horner, V. and Whiten, A. (2005) Causal knowledge and imitation/emulation switching in chimpanzees (Pan troglodytes) and children (Homo sapiens), *Animal Cognition* 8‑3, 164‑181.

2부 초사회적 본능

06 편애: 아기의 편 가르기

1 Hamlin, J. K., Wynn, K., and Bloom, P. (2007) Social evaluation by preverbal infants, *Nature* 450(22), 557‑560.

2 Hamlin, J. K. and Wynn, K. (2011) Young infants prefer prosocial to antisocial others, *Cognitive Development* 26, 30‑39.

3 Tajfel, H. (1981) *Human groups and social categories*, Cambridge University Press.

4 Mahajan, N. and Wynn, K. (2012) Origins of "Us" versus "Them": Prelinguistic infants prefer similar others, *Cognition* 124, 227‑233.

5 Maslow, A. H. (1943), A theory of human motivation, *Psychological Review* 50(4), 370 ‑ 396.

07 신뢰: 두 얼굴의 옥시토신

1 Feldman, R., Weller, A., Zagoory‑Sharon, O., and Levine, A. (2007) Evidence for a Neuroendocrinological Foundation of Human Affiliation: Plasma Oxytocin Levels Across

Pregnancy and the Postpartum Period Predict Mother‐Infant Bonding, *Psychological Science* 18(11), 965-970.

2 Weisman O., Zagoory‐Sharon O., and Feldman, R. (2012) Oxytocin administration to parent enhances infant physiological and behavioral readiness for social engagement, *Biological Psychiatry* 72(12), 982-989.

3 Scheele. D., Striepens, N., Güntürkün, O., Deutschländer, S., Maier, W., Kendrick, K.M., Hurlemann, R. (2012) Oxytocin modulates social distance between males and females, *The Journal of Neuroscience* 32 (46), 16074-16079.

4 Zak, P. J.(2012), Introduction: Vampire Wedding, *The Moral Molecule: The Source of Love and Prosperity*, Dutton.

5 Kosfeld, M., Heinrichs, M., Zak, P. J., Fischbacher, U., and Fehr, E. (2005) Oxytocin increases trust in humans, *Nature* 435 (7042), 673-676.

6 IAT의 사례. https://implicit.harvard.edu/implicit/korea/

7 De Dreu, C.K.W., Greer, L.L., Van Kleef, G.A., Shalvi, S., Handgraaf, M.J. (2011) Oxytocin promotes human ethnocentrism, *Proceedings of the National Academy of Sciences of the United States of America* 108 (4), 1262-1266.

8 Shalvi, S., and De Dreu, C.K.W. (2014) Oxytocin promotes group‐serving dishonesty, *Proceedings of the National Academy of Sciences of the United States of America* 111(15), 5503-5507.

08 평판: 이타적 소비의 속사정

1 https://www.youtube.com/watch?v=OGVcOmn9oQU

2 Griskevicius, V., Tybur, J. M., and van den Bergh, B. (2010) Going green to be seen: Status, reputation, and conspicuous conservation, *Journal of Personality and Social Psychology* 98(3), 392-404.

3 Barclay, P., and Willer, R. (2007) Partner choice creates competitive altriusim in humans, *Proceedings of the Royal Society of London*, Series B, 274, 749-753

4 Zahavi, A., and Zahavi, A. (1997) *The Handicap principle: A missing piece of Darwin's puzzle*, Oxford University Press.

5 Bergstrom, C. T. and Lachmann, M. (2001) Alarm calls as costly signals of antipredator vigilance: The watchful babbler game, *Animal Behaviour*, 61, 535-543.

6 Griskevicius, V., Tybur, J. M., and van den Bergh, B. (2010) Going green to be seen: Status, reputation, and conspicuous conservation, *Journal of Personality and Social Psychology* 98(3), 392−404.

7 Francey, D. and Bergmuller, R. (2012) Images of Eyes Enhance Investments in a Real−Life Public Good, *PLoS ONE* 7(5): e37397.

8 Bateson, M., Nettle, D., and Roberts, G. (2006) Cues of being watched enhance cooperation in a real−world setting, *Biology Letters* 2, 412−414.

09 허구: 스토리텔링 애니멀

1 Boyd, B. (2005) Evolutionary theories of art. In Gottschall, J. and Wilson, D. S.(eds.) (2005) *The Literary Animal: Evolution and the Nature of Narrative*, Northwestern Press, 147−176.

2 Gottschall, J., Carroll. J., Johnson, J., & Kruger, D. (2009) Paleolithic Politics in British Novels of the Nineteenth Century, *In Evolution, Literature, and Film: A Reader*, by B. Boyd, J. Carroll, and J. Gottschall(eds.), Columbia University Press, 490−506.

3 Carroll, J. (2004) *Literary Darwinism: Evolution, Human Nature, and Literature*, Routledge

4 Wilson, E. O. (1998) Consilience: *The Unity of Knowledge*, Knopf; 에드워드 윌슨 지음, 최재천·장대익 옮김 (2005) 《통섭: 지식의 대통합》, 사이언스북스, 391−392쪽.

5 Barash, D. and Barash, N. (2005) *Madame Bovary's Ovaries: A Darwinian Look at Literature*, Delacorte; 데이비드 바래시, 나넬 바래시 지음, 박중서 옮김 (2008) 《보바리의 남자, 오셀로의 여자》, 사이언스북스.

6 Pinker, S. (1997) *How the Mind Works*, Norton; 스티븐 핑커 지음, 김한영 옮김 (2007) 《마음은 어떻게 작동하는가?》, 동녘사이언스.

7 Pinker, S. (1997) *How the Mind Works*, Norton; 김한영 옮김 (2007) 《마음은 어떻게 작동하는가?》, 동녘사이언스, 825−826쪽.

8 Cosmides, L. (1989) The logic of social exchange: Has natural selection shaped how human reason? Studies with the Wason selection task, *Cognition* 31, 187−276.

10 헌신: 신은 당신을 지켜보고 있다

1 Dawkins, R., Religion's misguided missiles, *Guardian*, 15 September 2001.

2 Wilson, E. O. (1975) *Sociobiology: The New Synthesis*, Belknap Press.

3 Wilson, E. O. (1998) *Consilience: The Unity of Knowledge*, Knopf; 에드워드 윌슨 지음, 최재천·장대익 옮김 (2005)《통섭: 지식의 대통합》, 사이언스북스.

4 Wilson, D. S. (2002) *Darwin's Cathedral: Evolution, Religion, and the Nature of Society*, The University of Chicago Press.

5 Darwin, C. (1871) *The descent of man and selection in relation to sex*, Murray.

Atran, S. (2002) *In Gods We Trusts: The Evolutionary Landscape of Religion*, Oxford University Press.

6 Boyer, P. (2001) *Religion Explained: Evolutionary Origins of Religious Thought*, Basic Books.

7 Spelke, E., Phillips, A., and Woodward, A. (1995) Infants' knowledge of object motion and human action, In Sperber, D., Premack, D., & Premack, A.(eds.), *Causal Cognition: A multidisciplianry debate*, Clarendon Press.

8 Wolpert, L. (2007) *Six impossible things before breakfast: The evolutionary origin of belief*, W. W. Norton.

9 Boyer, P. (2001) *Religion Explained: Evolutionary Origins of Religious Thought*, Basic Books.

10 Dennett, D. (2006) *Breaking the Spell: Religion as a Natural Phenomenon*, Viking.

11 Norenzayan, A. (2013) *Big Gods: How Religion Transformed Cooperation and Conflict*, Princeton University Press.

12 Shariff, A.F. & Norenzayan, A. (2007) God is watching you: Priming God concepts increases prosocial behavior in an anonymous economic game, *Psychological Science* 18, 803–809.

13 Henrich, J. et al. (2010) Market, Religion, Community Size, and the Evolution of Fairness and Punishment, *Science* Vol. 327, 1480–1484.

14 Curry, A. (2008) Seeking the Roots of Ritual, *Science* Vol. 319, 278–280.

3부 초사회성의 그늘

11 소외: 사회적 고통의 뿌리

1 Chen, Y. –C., et al. (2015) Transcriptional regulator *PRDM12* is essential for human pain perception. *Nature Genetics* 47(7), 803–808.

2 Murphy, M. R., MacLean, P.D., & Hamilton, S. C. (1981) Species–typical behavior of hamsters deprived from birth of the neocortex, *Science* 213, 459–461.

3 Eisenberger, N. I., Lieberman, M. D., and Williams, K. D. (2003) Does rejection hurt? An fMRI study of social exclusion, *Science* 302, 290–292.

4 DeWall, C. N., MacDonald, G., Webster, G. D., Masten, C. L., Baumeister, R. F., Powell, C., Combs, D., Schurtz, D. R., Stillman, T. F., Tice, D. M., & Eisenberger, N. I. (2010) Acetaminophen reduces social pain: Behavioral and neural evidence, *Psychological Science*, 21, 931–937.

5 한국 아이들에 대한 연구: Kim, Y. S., Koh, Y.J., & Leventhal, N. (2005) School bullying and suicidal risk in Korean middle school students, *Pediatrics* 115(2), 357–363.

12 서열: 흙수저의 탄생

1 Zhang, P., Watanabe, K., and Eishi, T. (2007) Habitual hot–spring bathing by a group of Japanese macaques (Macaca fuscata) in their natural habitat, *American Journal of Primatology* 69(12), 1425–1430.

2 Ellis, L. (1995) Dominance and reproductive success among non–human animals, *Ethology and Sociobiology*, 16, 257–333.

3 Von Rueden, C. (2014) The roots and fruits of social status in small–scale human societies, In J. Cheng, J. Tracy, & C. Anderson(eds.), *The Psychology of status*, Springer, 179–200.

4 Henrich, J., & Gil–White, F. J. (2001) The evolution of prestige: Freely conferred deference as a mechanism for enhancing the benefits of cultural transmission, *Evolution and Human Behavior* 22(3), 165–196.

5 Tinbergen, N. (1963) On Aims and Methods in Ethology, *Zeitschrift für Tierpsychologie* 20, 410–433.

6 Mayr, E.(1982) *The Growth of Biological Thought*, Belknap Press of Harvard University Press.

7 Bernhardt, P. C., Dabbs, J. M.Jr., Fielden, J. A., & Lutter, C. D. (1998) Testosterone changes during vicarious experiences of winning and losing among fans at sporting events, *Physiology and Behavior* 65(1), 59–62.

8 Bousissou, M. F. (1978) Effects of injections of testosterone propionate on dominance relationships in a group of cows, *Hormones and Behavior* 11, 388–400.

9 최후통첩 게임에 대해서는 〈03 배려: '합리적' 침팬지와 '공정한' 인간〉을 참조할 것.

10 Eisenegger, C., Naef, M., Snozzi, R., Heinrichs, M., & Fehr, E. (2010) Prejudice and truth about the effect of testosterone on human bargaining behavior, *Nature* 463, 356–359.

11 Mehta, P. H., & Josephs, R. A. (2006) Testosterone change after losing predicts the decision to compete again, *Hormones and Behavior* 50(5), 684–692.

12 Sherman, G. D., Lee, J. J., Cuddy, A. J. C., Renshon, J., Oveis, C., Gross, J., & Lerner, J. (2012) Leadership is associated with lower levels of stress, *PNAS* 109, 17903–17907.

13 Sapolsky, R. M. (1990) Adernocortical function, social rank, and personality among wild baboons, *Biological Psychiatry* 28, 862–878.

14 Creel, S. (2001) Social dominance and stress hormones, *Trends in Ecology and Evolution* 16(9), 491–497.

15 Abbott, D., Keverne, E., Bercovith, F., Shively, C., Mendoza, S., Saltzman, W., Snowdon, C., Ziegler, T., Banjevic, M., Garland, T., and Sapolsky, R. (2003) Are subordinates always stressed? A comparative analysis of rank differences in cortisol levels among primates, *Hormones and Behavior* 43(1), 67–82

16 Lupien, S., King, S., Meaney, M., and McEwen, B. (2000) Child's stress hormone levels correlate with mother's socioeconomic status and depressive state, *Biological Psychiatry* 48(10), 976–980.

17 Snowdon, D., Ostwald, S., and Kane, R. (1999) Education, survival and independence in elderly Catholic sisters 1936–1988, *American Journal of Epidemiology* 130(5), 999–1012.

18 Adler, N., Epel, E., Castellazzo, G., and Ickovics, J. (2000) Relationship of subjective and objective social status with psychological and physiological functioning: Preliminary data in healthy white women, *Health Psychology* 19(6), 586–592.

19 Kawachi, I., and Berkman, L. (2001) Social ties and mental health, *Journal of Urban Health* 78(3), 458–467.

20 Gintis, H., van Schik, C., and Boehm, C. (2015) Zoon Politikon: The Evolutionary Origins of Human Political Systems, *Current Anthropology* 56(3), 327–353.

21 Boehm, C. (1999) *Hierarchy in the Forest: The Evolution of Egalitarian Behavior*, Harvard University Press.

13 동조: 예스맨의 탄생

1 Asch, S. E. (1951) Effects of group pressure on the modification and distortion of judgments. In H. Guetzkow (Ed.), *Groups, leadership and men*, Pittsburgh, PA: Carnegie Press, 177–190.

2   Tuddenham, R. D. (1958) The influence of a distorted group norm upon individual judgment, *Journal of Psychology* 46, 227–241.

3   Bond, R., and Smith, P.B. (1996) Culture and conformity: A meta–analysis of studies using Asch's (1952b, 1956) line judgement task, *Psychological Bulletin* 199(1), 111–137.

4   Berns, G. S., Chappelow, J., Zink, C.F., Pagnoni, G., Martin–Skurski, M.E., and Richards, J. (2005) Neurobiological correlates of social conformity and independence during mental rotation, *Biological Psychiatry* 58, 245–253.

5   Asch, S. E. (1955) Opinions and social pressure, Scientific American, 193, 35–35.

6   Allen, V., and Levin, J. (1971) Social support and conformity: The role of independent assesment of reality, *Journal of Experimental Social Psychology* 7, 48–58.

14 테러: 그들은 정신 이상자가 아니다

1   http://economicsandpeace.org/wp–content/uploads/2015/11/Global–Terrorism–Index–2015.pdf

2   Atran, S. (2003) Genesis of Suicide Terrorism, *Nature*, vol. 299, 1534–1539.

3   Atran, S. (2006) The Moral Logic and Growth of Suicide Terrorism, *The Washington Quarterly* 29(2), 127–147.

4   Atran, S. (2010) *Talking to the Enemy: Faith, Brotherhood, and the (Un)making of Terrorists*, Ecco.

5   Merari, A. (2010) *Driven to Death: Psychological and Social Aspects of Suicide Terrorism*, Oxford University Press.

6   Milgram, S. (1963) Behavioral Study of Obedience, Journal of Abnormal and Social Psychology 67 (4), 371–378.

7   Zimbardo, P. G. (1971) The power and pathology of imprisonment, *Congressional Record* (Serial No. 15, 1971–10–25).

8   http://www.prisonexp.org/30years.htm

9   Zimbardo, P. G. (2007) *The Lucifer Effect: Understanding How Good People Turn Evil*, Random House.

10   윤흥길 지음 (2011)《완장》, 현대문학.

11   Reicher, S. D. and Haslam, S. A. (2016) *Fueling Extremes, Scientific American Mind*, May/June 35–39.

12 Atran, S., Looking for the roots of terrorism, Nature News: Q&A, 15 January 2015.

4부 초사회성의 미래

15 공존: 인간과 기계의 교감

1 공감 능력에 관해서는 〈01 공감: 너와 나의 연결고리〉를 참조하시오.

2 Hills, A. M. (1995) Empathy and belief in the mental experience of animals, *Anthrozoös*, Viii(3), 132–142.

3 Plous, S. (1993) Psychological Mechanisms in the Human Use of Animals, *Journal of social issues* 49(1), 11–52.

4 Westbury, H. R., and Neumann, D. L. (2008) Empathy–related responses to moving film stimuli depicting human and non–human animal targets in negative circumstances, *Biological Psychology* 78, 66–74.

5 Brown, L. M., Bradley, M. M., and Lang, P. J. (2006) Affective reactions to pictures of ingroup and outgroup members, *Biological Psychology* 71, 303–311.

6 Avenanti, A., Sirigu, A., and Aglioti, S. M. (2010) Racial Bias Reduces Empathic Sensorimotor Resonance with Other–Race Pain, *Current Biology* 20, 1018–1022.

7 Prguda, E., and Neumann, D. L. (2014) Inter–human and animal–derected empathy: A test for evolutionary biases in empathetic responding, *Behavioural Processes* 108, 80–86.

8 Mori, M. (1970) Bukimi no tani (the uncanny valley), *Energy* 7, 33–35. (Translated by Karl F. MacDorman and Takashi Minato).

9 MacDorman, K. & Ishiguro, H. (2006) The uncanny advantage of using androids in cognitive and social science research, *Interaction Studies* 7(3), 297–337.

10 Brenton, H., Gillies, M., Ballin, D. & Chattin, D. (2005) The uncanny valley: does it exist? 19th British HCI Group Annual Conference: Workshop on Human Animated Character Interaction, Edinburgh, UK.

11 Rosenthal–von der Pütten et al. (2013) An experimental study on emotional reactions towards a robot, *International Journal of Social Robotics*, 5(1), 17–34.

12 Bartneck, C., & Hu, J. (2008) Exploring the abuse of robots, *Interaction Studies* 9: 415–433. 밀그램의 복종 실험에 대해서는 〈14 테러: 그들은 정신 이상자가 아니다〉를 참조하시오.

13 Miura, N., Sugiura, M.,Takahashi, M., Moridaira, T., Miyamoto, A., Kuroki, Y., & Kawashima, R. (2008) An advantage of bipedal humanoid robot on the empathy generation: a neuroimaging study, 2008 IEEE/RSJ International Conference on Intelligent Robots and Systems, 2465−2470.

14 https://www.washingtonpost.com/news/innovations/wp/2015/07/21/why−social−robots− could−be−coming−soon−to−a−home−near−you/

그림 출처

1부 초사회성의 탄생

01 공감: 너와 나의 연결고리

Dunbar, R. (1998) The social brain hypothesis, Evolutionary Anthropology 6(5), 178-190.

02 협력: 사회적 눈의 진화

2-1 셔터스톡

2-2 Kobayashi, H., and Kohshima, S. (1997) Unique morphology of the human eye. *Nature* 387, 767-768.

2-3 Schwarz Joel (2005) 'If babies follow gaze early, language learning improved', www.washington.edu / 셔터스톡

2-4 Call, J., and Kano, F. (2014) Cross-species variation in gaze following and conspecific preference among great apes, human infants and adults, *Animal Behaviour* 91, 137-150.

03 배려: '합리적' 침팬지와 '공정한' 인간

3-1 Brosnan, S. F. and de Waal, F. B. M. (2003) Monkeys reject unequal pay, *Nature* 425, 297-299.

3-2 Brosnan, S. F. and de Waal, F. B. M. (2014) Evolution of responses to (un)fairness, *Nature* 346, 315-321.

3-3 Hamann, K., Warneken, F., Greenberg, J. R., & Tomasello, M. (2011) Collaboration encourages equal sharing in children but not in chimpanzees, *Nature* 476, 328-331.

3-4 Jensen, K., Call, J., and Tomasello, M. (2007) Chimpanzees are rational maximizers in an ultimatum game, *Science* 318, 107-109.

04 이해: 마음 읽기의 진화

4-1   Frith, U. (1989) Autism: Explaining the Enigma, Basil Blackwell Ltd.

4-2   Baron-Cohen, S., Leslie, A. M., & Frith, U. (1985) Does the autistic child have a theory of mind?, *Cognition* 21, 37-46.

05   전수: 문명 탄생의 원동력

5-1   알라미스톡포토

5-2   알라미스톡포토

5-3   ⓒAsteiner

5-4   Whiten A., Goodall J., McGrew W.C., Nishida T., Reynolds V., Sugiyama Y., Tutin C.E., Wrangham R. W., & Boesch C. (1999) Cultures in chimpanzees, Nature 399(6737), 682-685.

5-5   Horner, V. and Whiten, A. (2005) Causal knowledge and imitation/emulation switching in chimpanzees (Pan troglodytes) and children (Homo sapiens), *Animal Cognition* 8-3, 164-181.

2부   초사회적 본능

06   편애: 아기의 편 가르기

6-1   Hamlin, J. K., Wynn, K., and Bloom, P. (2007) Social evaluation by preverbal infants, *Nature* 450(22), 557-560.

6-2   Hamlin, J. K., Wynn, K., and Bloom, P. (2007) Social evaluation by preverbal infants, *Nature* 450(22), 557-560.

6-3   Hamlin, J. K., Wynn, K., and Bloom, P. (2007) Social evaluation by preverbal infants, *Nature* 450(22), 557-560.

6-4   Hamlin, J. K., Wynn, K., and Bloom, P. (2007) Social evaluation by preverbal infants, *Nature* 450(22), 557-560.

6-5   Mahajan, N. and Wynn, K. (2012) Origins of "Us" versus "Them": Prelinguistic infants prefer similar others, *Cognition* 124, 227-233.

07   신뢰: 두 얼굴의 옥시토신

7-1   Kosfeld, M., Heinrichs, M., Zak, P. J., Fischbacher, U., and Fehr, E. (2005) Oxytocin increases trust in humans, *Nature* 435 (7042), 673–676.

7-2 Kosfeld, M., Heinrichs, M., Zak, P. J., Fischbacher, U., and Fehr, E. (2005) Oxytocin increases trust in humans, *Nature* 435 (7042), 673–676.

7-3 De Dreu, C.K.W., Greer, L.L., Van Kleef, G.A., Shalvi, S., Handgraaf, M.J. (2011) Oxytocin promotes human ethnocentrism, *Proceedings of the National Academy of Sciences of the United States of America*, 108 (4), 1262–1266.

7-4 Shalvi, S., and De Dreu, C.K.W. (2014) Oxytocin promotes group-serving dishonesty, *Proceedings of the National Academy of Sciences of the United States of America*, 111(15), 5503–5507.

08 평판: 이타적 소비의 속사정

8-1 셔터스톡

8-2 Francey, D. and Bergmuller, R. (2012) Images of Eyes Enhance Investments in a Real-Life Public Good, *PLoS ONE* 7(5): e37397.

10 헌신: 신은 당신을 지켜보고 있다

10-1 미국 해군 ID: 010917-N-7479T-515

10-2 셔터스톡 / ⓒⓘⓞ Doug Kerr

3부 초사회성의 그늘

12 서열: 흙수저의 탄생

12-1 Sapolsky, R. M. (1990) Adrenocortical function, social rank, and personality among wild baboons, *Biological Psychiatry* 28: 862–878.

14 테러: 그들은 정신 이상자가 아니다

14-1 ⓒ Fred the Oyster

4부 초사회성의 미래

15   공존: 인간과 기계의 교감

15-1   Boston Dynamics

15-2   The Uncanny Valley, Masahiro Mori, (1970) *Energy* 7(4), 33–35 (참조: http://terms.
naver.com/entry.nhn?docId=3409122&cid=58413&categoryId=58413)

15-3   Rosenthal–von der Pütten et al. (2013) An experimental study on emotional reactions
towards a robot, *International Journal of Social Robotics* 5(1): 17–34.

15-4   Glyn Taylor, Blue Frog Robotics

찾아보기

ㄱ

가난 182, 191~192

가리키기 행동 9, 22

가치 판단 138~139, 200~201

감정 8, 18, 20, 48, 55~56, 64, 139, 141, 204, 230, 232, 234~236, 239, 246

값비싼 신호 이론 125, 127, 129

개인적 학습 80

개코원숭이 31, 187~190, 193

거울신경세포 17~19, 21, 25

　거울신경세포계 18~19, 21, 24

건강 지표 192

결속력 109~110, 138, 153

경두개자기자극술 231

경쟁 40, 64, 67, 102, 125~127, 182, 184, 186, 188, 190, 194

경쟁적 이타성 125~127

고릴라 31, 36, 38, 231

고바야시 히로미 31~32

고시마 시로 31~32

고전 문학 144

고통 19~20, 171~178, 190~191, 204~205, 228~229, 231~232, 237, 246

　사회적 고통 172~178, 205

　신체적 고통 171~177

고프닉, 앨리슨 64

골드먼, 앨빈 65

공감 10, 17~20, 23~25, 103, 145, 219, 229~232, 235~236, 238, 242, 245

　사회적 공감 20

　인지적 공감 20

　정서적 공감 20

공동의 주의집중 9, 34~36, 38

공막 30~33, 38, 41~42

공정성 48~53, 55~56, 193

과학 이론 64~65

과학적 무신론 운동 160

관찰 19, 30, 36~38, 45, 48, 67, 70, 74~75, 77~80, 100, 132, 151~152, 161~162, 181, 188, 217, 235

교육 20, 25, 84, 103, 139, 207, 212~213

구달, 제인 78, 245

구매 124~125, 128~131

구매 선호도 129

구별 짓기 98, 102~103

9·11 테러 150

궁극적 설명 33, 183~184, 193

권력 서열 181

권모술수 68~70

권위 127, 152, 199, 201, 207, 214, 216~217, 220~221

〈그녀〉 238

근인적 설명 34, 183~184

글로벌 테러리즘 지수 211

기계 11, 29, 40, 85, 99, 228~229, 235, 239~240

기능성 자기공명영상(fMRI) 174~174, 177, 204

기독교 153, 161~162

기부 131

꼬리감는원숭이 45~48

ㄴ

'나처럼 해 봐' 실험 80

나치 216

난쟁이몽구스 190

내부자 102

내재적 선호도 116

내집단 99, 102, 114~117, 231

내집단 선호 98~100, 102~103, 118

내집단 선호성 98~99, 102~103

내집단 편애 114, 116~117

노렌자얀, 아라 161~163

녹색 차 128~129

뇌 9, 17~19, 21~22, 24~25, 62, 143, 159, 173~176, 187, 204, 231~232, 238

눈 7, 9, 29~32, 35, 38~39, 41~42, 67, 94~96, 132~133, 152, 164, 234, 240,

눈동자 31~33, 38~39

뉴발란스 123~124, 130

늑대 23, 152, 189, 212

ㄷ

다수준 선택 이론 33~34

다양성 24~45, 103

다윈, 찰스 153

다원주의 문학 비평 142

당질 코르티코이드 187

대규모 사회 163~164

데닛, 대니얼 41, 159~160

도덕 55~56, 117, 151, 154, 162, 165, 216

도스토옙스키, 표도르 165

　《카라마조프의 형제들》 165

도킨스, 리처드 40~41, 149~150, 159~160

　《만들어진 신》 159

　생존 기계 40

　《이기적 유전자》 40~41, 149, 159

동조 10, 202~207, 219

뒤샹, 마르셀 199~200

　〈샘〉 199~200

　《드라큘라》 139

들개 190

〈디스트릭트 9〉 246

ㄹ

레디메이드 199

로봇 11, 219, 227~229, 232~241, 245

루소, 장 자크 193

　《인간 불평등 기원론》 193

리스크 실험 114

ㅁ

마모셋원숭이 81~82, 189
마음 이론(ToM) 60, 62, 64~66, 69, 140, 156~157
마음 읽기 10, 22~23, 59, 62, 68, 140
마이어, 에른스트 183
마키아벨리적 지능 가설 69
막스플랑크 연구소 49~50
매슬로, 에이브러햄 103~105
　욕구 피라미드 103, 105
매카시즘 204
모리 마사히로 232~233
모방 9, 19, 40, 77~83, 87, 153, 159, 236
무신론자 162, 165
무임승차자 163
문명 10~11, 84~87, 206, 242~243, 246
문학 138, 104~144
문화 23, 25, 40, 73~75, 77~79, 84~85, 139, 141, 159, 204, 243
문화영장류학 78
문화 지도 78
밀그램, 스탠리 215~216, 218~219, 236
밈 40~42, 159~160
　길들여진 밈 160
　야생 밈 160
　종교 밈 160

ㅂ

바래시, 데이비드 141
박새 74~75
반직관적 위배 이론 158
방해자 94~97
배신자 131, 144, 154
배측 전대상피질 173~177
버디 239
버빗원숭이 70
번식 10, 29, 34, 40, 83, 104, 125, 127, 131, 138, 140, 142, 144, 152, 154, 173, 183, 188, 221
번식 성공률 127, 131, 152
보노보 23, 30, 35~38
보스턴 다이내믹스 227~228
보엠, 크리스토퍼 193~194
　역 지배 위계 194
보이어, 파스칼 158
말하는 나무 158
복종 10, 152, 214, 216~217, 219~221, 236
부당함 55~56
부산물 138, 142~143, 155~156, 158, 160~161
　부산물 이론 143, 155, 158, 160~161
부신피질 자극 호르몬 187
분리 고통 울음 172, 174
불교 153, 161, 163
불쾌감 233~234
불쾌한 골짜기 232~234
붉은털원숭이 152
브룩스, 르셀 35
블랙모어, 수전 41, 80

블로커, 애슐린 171
비모방적 사회적 학습 80
비종교적 도덕성 162
빅도그 227~229

ㅅ
사이먼 배런-코언 62
사이버 볼 실험 176
사지 보행 로봇 227
사회 인지 59, 39, 142
사회경제적 지위(SES) 187, 190~192
사회성 9~10, 20~21, 23, 32, 62~63, 70, 97,
　　110, 120, 144, 134, 172, 206, 238~243
사회적 뇌 이론 21~22
사회적 눈 41
사회적 딜레마 237
사회적 로봇 238~239
사회적 복잡성 21, 69
사회적 정체성 219
사회적 지능 9
사회적 평가 능력 94, 97
사회적 학습 9, 79~80, 83~87, 206
《삼총사》 141
상대적 빈곤 192
새폴스키, 로버트 187~188
생존 9, 21, 29, 33, 40, 55, 70, 83, 93,
　　104, 126, 138, 140, 142, 152, 154~156,
　　172~173, 176, 183, 188, 205, 221
서열 67, 77, 126~127, 152, 181~182,
　　184~191, 193~195, 244
선천성 무통각증 171

선호 37, 96~98, 100~102, 115, 129, 160,
　　186
　선호도 95, 101, 127, 129, 186
세이건, 칼 150, 246
　《코스모스》 246
　《콘택트》 150, 245
세파스, 로버트 70
소규모 사회 163
소득 불평등 192~193
소비자 123~125, 127, 129~130
소설 139, 142, 144, 150, 200
소셜 미디어 8, 85, 127, 219
손다이크, 에드워드 79
순교 213, 220
순응 220~221
숫자 추적 과제 186
스토리텔링 138~140, 142
스트레스 187~193
스펠키, 엘리자베스 156
승부욕 186
시뮬레이션 이론 65~66
시상하부 187
　시상하부-뇌하수체-부신 187
시선 따라가기 34~39
신 151~152, 157~165
신뢰 10, 111~114, 118, 120, 125, 192
　신뢰 게임 112~113
신피질 21~22
심판자 161~165
　심판자 가설 163~164
　심판하는 신 163
싱어, 피터 20, 245

쓰레기 분리 132~133

ㅇ

아기 9, 32, 36~39, 93~94, 97, 104, 110, 172

아라비안 노래꼬리치레 125~126

아부그라이브 교도소 218

아이 9, 23~25, 34~35, 49~51, 60~62, 64~66, 82~84, 110, 120, 156, 159, 171, 177, 191, 203, 214, 240

아체족 182

아틀라스 228~229

안와하근 55~56

알고리즘 145, 237~238

알파고 11, 29, 85

암시적 연관 검사(IAT) 114~117

애쉬, 솔로몬 201~206, 219

애착 109, 111, 173~174

애트런, 스콧 212~216

업 163

〈에이 아이〉 240

역지사지 20~21, 24~25, 65~66, 103

열위자 67, 152, 189~191, 194

영장류 8, 10, 20~23, 31~32, 35~38, 45, 52, 68~70, 73, 81, 93, 137~138, 156, 187, 188~189, 206, 231

예술 9, 140~143, 199~201

오랑우탄 30~31, 35~37, 243

《오만과 편견》 139, 142

오벨리스크 164

《오셀로》 141

오피오이드 174~175

　뮤-오피오이드 수용체 175

옥시토신 110~114, 116~120

《완장》 218

외계인 7~8, 137, 151, 246

외로운 늑대 212

외로움 173

외부자 102~103

외집단 114, 116~117, 231~232

외집단 폄훼 114, 116~117

외톨이 173

욕구 9, 93~94, 103~105, 125, 128~129, 193

우위자 67, 152, 189~191, 194

원숭이 17, 31~32, 35, 45~49, 56, 74~75, 77, 79, 82, 181, 193, 230

월퍼트, 루이스 156~157

　믿음 엔진 157

　믿음의 기원 157

위계 사회 152

윌슨, 데이비드 153

윌슨, 에드워드 140~141, 151~152

유사성 101~102, 231~233, 236~238

유신론적 종교 159

유아 94~104

유인원 36~39, 69

이누이트족 85~87

이론-이론 64~66

이슬람교 161

이족 보행 로봇 229, 238

이타적 행동 125

이타적 행위 34, 125

〈ET〉 246

인간 어른 36~37

인간의 본성 41, 141, 216, 247

인공지능 11, 29, 85, 283

인과 개념 157

인과 추론 156~157

인과관계 83, 87

인과적 설명 157

인슐린 유사 성장 인자 189

인지 19, 21, 23, 31, 47~48, 54, 59, 64, 69, 134, 138, 140~143, 145, 155~158, 174, 183, 187, 237

　인지 발달 64, 69, 141

　인지 능력 23, 138

인지 적응 21, 138, 142~143, 155~157

일본마카크원숭이 74, 77

ㅈ

자극 강화 79

자살 테러 149, 211~214, 219~221

자연 선택 이론 153

자폐증 18, 39, 63

자하비, 아모츠 126

잭, 폴 109, 111

적응 21, 60, 68~69, 138, 140, 142~143, 145, 151~158, 172~173, 183, 206

적응주의 138, 142, 154~155

적응주의 문학론 138

적응주의자 154

전기 차 130

전수 10, 73, 75, 85~86, 138, 144, 221

전염 79

절차 83~84

정서 18~20, 23, 48, 142, 144, 183, 228, 230~232, 235

조력자 94, 96~98

조이 실험 81

조현병 63~64, 214

종교 9, 40, 98, 141~142, 149~165, 214　종교 부산물주의자 156　종교 적응주의 154~155　종교 진화론 155, 158~159　종교성 154, 161~162

중립자 96~97

지각된 지능 237

지각의 역설 234

지각적 선호 96

지배 서열 182, 188, 194~195

지보 239

지식 10, 84~86, 67~68, 120, 127, 182, 199, 206

지위 85, 125~131, 181~182, 184~187, 190~191, 244

　지위 경쟁 126

　지위 동기 127~129

　지위 서열 181~182, 184, 187

지향성 140

진화 8~11, 19~23, 34, 36, 244

진화론 55, 138, 141, 151, 155, 158~159

진화사회심리학 144

진화심리학 124, 141, 145

짐바르도, 필립 217~219

　루시퍼 효과 218

집단 따돌림 10, 177~178

집단 선택론 33, 154
집단생활 20~21, 23, 36, 69, 173
짝 결속 111
짝짓기 110, 126, 128, 142, 184, 188

ㅊ

참된 모방 80
체니, 도러시 70
초사회성 10~11, 242~245, 247
초월자 152, 158
초자연성 154
　　초자연적 믿음 157, 164
　　초자연적 존재 157, 163
최후통첩 게임 52~53, 55
추론 19~21, 23~24, 33, 39, 59, 140,
　　156~157, 185, 232
친사회적 구매 행위 130
친사회적 제품 129
친사회적 행위 125, 127
친환경 제품 124, 127, 129
침팬지 7, 21~23, 30~31, 35~37, 42, 51,
　　53~56, 66~68, 70, 75~78, 81~86, 93,
　　137, 140, 193~195, 243~245

ㅋ

캐럴, 조지프 142
코르티솔 187~193
　　코르티솔 방출 인자(CRF) 187
코스미디스, 레다 145
쾌락 버튼 142~144

!쿵족 182

ㅌ

타이레놀 176~177
테러범 149, 212~214, 219~220
《테스》 141
테스토스테론 111, 184~187, 189
토마셀로, 마이클 38
토요타 124
틀린 믿음 23, 60~68, 70
　　샐리-앤 테스트 61~63
　　틀린 믿음 테스트 60~64, 68
틴베르헌, 니콜라스 183

ㅍ

팔레스타인 213~214
페로몬 137
페이스북 7~8, 127
페퍼 239
편 가르기 98, 102~103, 142~143
편견 10, 98, 102~103, 114~117
편애 45, 99, 102~103, 244
평판 125, 129~132, 134, 186
포괄 적합도 33~34, 40~41, 69, 182
　　포괄 적합도 이론 33
포비넬리, 대니얼 66~67
포유류 8, 20, 36, 156, 172, 174, 231
포틀래치 127
폭력 178, 214, 219~220, 244~245
《폭풍의 언덕》 139

프리우스 124~125, 127

플레오 235~236

피부전도반응 230

핑커, 스티븐 142~144, 245

ㅎ

하드자족 163, 182

하마스 213

학대 177, 217

학습 9, 59, 70, 77~80, 85~86, 206,

합리성 53

해어, 브라이언 67

행위자 탐지 능력 156

헨리히, 조지프 162

혐오 55~56, 141

협력 10, 34~35, 38~41, 48~51, 53, 102,
131, 139, 144, 163, 189, 244

　협력자 131

　협력적 눈 가설 38~39

호감도 232~233

호모 사피엔스 7~8, 10~11, 20, 30~31, 33,
36, 40, 85, 93, 131, 137, 151, 193, 231,
242~244, 247

호혜적 관계 144~145

획일성 25

후성 규칙 141

힌두교 163

울트라 소셜

사피엔스에 새겨진 '초사회성'의 비밀

1판 1쇄 발행일 2017년 6월 19일
1판 8쇄 발행일 2022년 4월 25일

지은이 장대익

발행인 김학원
발행처 (주)휴머니스트출판그룹
출판등록 제313-2007-000007호(2007년 1월 5일)
주소 (03991) 서울시 마포구 동교로23길 76(연남동)
전화 02-335-4422 팩스 02-334-3427
저자·독자 서비스 humanist@humanistbooks.com
홈페이지 www.humanistbooks.com
유튜브 youtube.com/user/humanistma 포스트 post.naver.com/hmcv
페이스북 facebook.com/hmcv2001 인스타그램 @humanist_insta
편집주간 황서현 편집 임은선 임재희 아침노을 디자인 김태형 일러스트 이시내
용지 화인페이퍼 인쇄 청아디앤피 제본 민성사